FRANC-PARLER

FLORENCE PORTELLI

FRANC-PARLER

LES ÉDITIONS DU CERF

www.editionsducerf.fr
24, rue des Tanneries
75013 Paris

ISBN : 978-2-204-15392-8

INTRODUCTION

Un vide totalitaire

La politique peut-elle se passer d'idées ? Il y a dix ans, poser cette question aurait paru incongru, baroque, bouffon. Aujourd'hui, dans le vide sidéral où se trouve plongée la pensée politique en France, nous sommes passés de l'interrogation à la pratique. L'action n'est plus qu'agitation, ballottée par l'émulsion médiatique.

La politique ayant horreur du vide, elle puise dans les mouvements extrémistes ou populistes de toute obédience pour tenter de trouver une régénérescence illusoire, s'accommodant d'ânonner des slogans compulsifs. Cette absence d'idées nouvelles produit des programmes souvent interchangeables que l'on retrouvera au sein des différentes formations de gouvernement, qu'elles soient de gauche, de droite ou d'ailleurs. D'autant plus que ces programmes seront mis en musique par des administrations souveraines et intemporelles qui, bien souvent, seront à l'origine de la rédaction de ces textes. Comment s'étonner, après cela, de l'assèchement des débats ? Cet appauvrissement participe à la négation de l'essence même de la politique.

Elle rend toute une génération en quête d'idéal et de sens en colère, rongée par un sentiment d'angoisse engendré par ce vide. Comment ne pas être angoissé quand le monde dans lequel nous vivons implose, secoué par des crises qui ne se succèdent même plus mais qui de plus en plus se juxtaposent ?

Dans ces temps sombres, la pensée politique n'est plus un luxe mais une obligation vitale, d'autant plus si l'on considère que le devoir des femmes et hommes politiques est de transmettre un cap mais aussi une espérance pour leurs enfants. Ce vide n'est pas le fruit du hasard. Il s'explique tout d'abord par un processus long et progressif, initié dans les années 1970, où l'on a vu disparaître des références sociales, culturelles et politiques qui servaient de marqueurs identitaires à la vie politique.

En France, ces marqueurs étaient au nombre de trois. Tout d'abord, la nation, c'est-à-dire la communauté politique des citoyens entretenue par une geste politique (le vote, l'entrée en citoyenneté) et symbolique (les fêtes nationales). Ensuite, le peuple, version socio-culturelle de la nation, ces deux termes étant d'ailleurs interchangeables dans notre constitution qui synthétise les héritages de 1789 et 1848. Enfin, les classes, subdivision idéologique du peuple forgée par une gauche marxisante et structurée par le monde syndical et associatif, voire politique à l'époque où le Parti communiste était l'une des composantes majeures de la vie politique.

Ces entités se sont progressivement délitées dans les années qui ont suivi : d'une part, sous les coups de boutoir des idéologies anarchistes et anti-autoritaires post-soixante-huitardes, et d'autre part avec la fin du modèle industriel de production fondé sur l'ouvrier-masse. Ainsi, la nation a été mise de côté sous la poussée des critiques du « nationalisme », vilipendée par les tenants du mondialisme et du fédéralisme supra-national.

Il est d'ailleurs cocasse et tragique de voir que ce mot de nation n'est agité comme un calicot sportif qu'à l'occasion des compétitions sportives internationales (jeux olympiques, coupes du monde). Ces dernières vont même lui donner un contenu éphémère – on pense à la France « black-blanc-beur ». Le reste du temps, ces compétitions deviennent l'apanage de clubs sans autre identité que celle de leur propriétaire, souvent étranger.

Abandonné par les élites, le peuple a cessé de se sentir représenté, cependant qu'on se plaisait à le caricaturer. Soit il apparaissait comme une masse moutonnière, tout au plus destinée à servir la société de consommation, soit il surgissait sous une forme éruptive, semblable à ce qu'Hannah Arendt appelait « *The mob* » , c'est-à-dire la « populace ».

Quant aux classes populaires, la perte du contrôle que la gauche exerçait sur elles a entraîné l'abandon progressif de la référence aux classes sociales pour des notions plus réduites et purement idéologiques. C'est ainsi que sont apparus le « peuple de gauche » ou les « travailleurs », concepts fourre-tout avant qu'ils ne soient relégués à leur tour aux objets trouvés idéologiques par les tenants de l'éloge de la paresse et les pourfendeurs de la « valeur-travail ».

Ces flottements successifs sont à l'origine de l'apparition du qualificatif « populiste », pseudo-concept permettant d'étiqueter tout et son contraire, mais mettant en évidence que désormais la nation, comme le peuple, comme les classes populaires, étaient désormais abandonnés par la nouvelle bourgeoisie, confite dans ses certitudes, parvenant à la fois à être méprisante, inconvenante et inconsistante. Par un basculement idéologique radical, la référence politique et idéologique dominante est devenue l'individu, mais un individu débarrassé de ses dimensions spirituelle (la personne), politique (le citoyen) et collective (le peuple et la nation).

Ce phénomène très propre à l'Europe occidentale prend en France une intensité toute particulière, préparé par des décennies de repentance et d'autodénigrement. Sur ces sujets, la droite s'étant couchée de bonne heure, c'est de la gauche et des milieux qui pourtant piétinaient ce concept et les valeurs qui lui sont liées que viennent les quelques intellectuels qui défendent la nation aujourd'hui. Nos plus proches voisins restent, eux, profondément patriotes. Il est d'ailleurs assez singulier de constater qu'après avoir conspué l'idée de sentiment d'appartenance à une nation dans les milieux intellectuels, l'Europe et la France ont pris fait et cause pour l'Ukraine qui se bat précisément pour défendre sa patrie et son modèle national.

L'individualisme contemporain trouve de multiples appuis pour imposer sa tyrannie. Il se nourrit d'un premier vide lié à la marginalisation de la religion. Jadis, le catholicisme, même lorsqu'il n'était plus majoritaire, offrait un langage commun et son lot de références universelles. Il était un facteur de cohésion sociale ou du moins d'enracinement partagé à l'échelle du pays. En quelques décennies, il a non seulement perdu en influence mais il a aussi été évincé de la sphère publique.

Le deuxième vide dans lequel s'est engouffré le mondialisme, c'est la disparition progressive de la communauté politique (communauté des citoyens, communauté des membres d'un parti politique ou d'un syndicat). On a beau jeu de s'épancher aujourd'hui sur l'effacement des corps intermédiaires quand on l'a méthodiquement organisé. Conséquence ? L'abstention sous toutes ses formes, qu'il s'agisse du vote ou de l'engagement.

Enfin, la crise de la communauté familiale a fourni son terreau à la montée de l'individualisme. C'est la solidarité perdue entre les générations, l'absence d'empathie avec les plus fragiles, le manque de gratitude à l'égard des anciens, le rejet des personnes en situation de handicap, le désintérêt pour les plus jeunes qui appelle l'intervention de l'aide sociale à l'enfance. L'individualisme sanctuarisé, c'est le ciment permettant de faire société qui vient à manquer.

L'individu se confronte à lui-même : de là l'impossibilité de toute confrontation avec une entité surnaturelle, transcendante ou de toute intégration dans des institutions fortes, englobantes et qui donnent du sens. Cette auto-confrontation fabrique à la chaîne des individus s'interrogeant sur leur identité, soit avec une forme de complaisance narcissique, soit parce qu'ils sont totalement perdus, soit parce qu'ils ne savent plus qui ils sont, allant même parfois jusqu'à un rejet profond d'eux-mêmes.

Livré au nombrilisme identitaire, l'individu pense avoir gagné en liberté. D'abord parce qu'il a la fâcheuse tendance à confondre liberté de pensée et liberté de *la* pensée. La liberté de pensée se résume de la manière suivante : « c'est mon droit, c'est mon choix », lesquels droit et choix sont le plus souvent dictés par le panurgisme ordinaire. Cependant que la liberté de *la* pensée consiste à parvenir à exercer en permanence son esprit critique. Cette pseudo-liberté de pensée expose pourtant la personne à plus de fragilité, de précarité et d'isolement, avec deux effets : d'une part la croissance démesurée de l'administration du social, à la fois assistanat et bureaucratie – omniprésente et kafkaïenne, de l'autre, le foisonnement de petites organisations collectives au fonctionnement parfois sectaire, autant de regroupements d'individus opportunistes et habiles qui ont découvert que dans le vide collectif, une minorité peut s'avérer puissante par absence d'obstacles et de répondant. Et on découvre qu'il y a pire que le règne de l'individu lui-même : la dictature exercée par des individus s'épanouissant en minorités.

À l'échelle macro-politique, la fin de la guerre froide, qui dressait face à face deux visions du monde opposées, a produit des effets en cascade. Le XXe siècle avait été celui des totalitarismes et de l'anéantissement des hommes par dizaines de millions. La chute du communisme, dernier survivant de ces systèmes, a en retour légitimé l'émergence de l'individualisme roi. Par rejet de l'appartenance à un projet collectif qui avait annihilé la personne et détruit les libertés individuelles, l'individualisme s'est revêtu des atours de la démocratie pour donner naissance à une société corrompue, avec pour toute croyance la révérence au veau d'or.

L'écroulement du communisme, c'est aussi la fin d'une pensée qui s'était bâtie en résistance. Contrairement à toutes les prophéties, ce n'est pas le libéralisme qui a pris sa place, mais le néant idéologique. L'Europe de Maastricht, qui en est d'ailleurs la traduction économique et financière, s'est ainsi limitée à n'être qu'un vaste marché ouvert à tous les vents. Ayant changé de raison d'être, l'Europe a non seulement cessé d'être une protection politique et sécuritaire, mais elle s'est consciencieusement attachée à détruire les États-nations qui la composaient en se gardant bien de se substituer à eux d'une quelconque manière.

À cette capitulation généralisée, s'est ajouté le remplacement de notre culture occidentale – notamment française – par une nouvelle forme d'aliénation idéologique venue des pays anglo-saxons. Rompant avec l'opposition historique et politique de ces deux cultures, revendiquée d'ailleurs par le Général de Gaulle, le monde moderne se nourrit désormais exclusivement de l'individualisme d'outre-Atlantique. Dans sa *Culture du narcissisme*, Christopher Lasch dénonçait déjà la pathologie narcissique à l'œuvre dans l'Amérique du XXe siècle : « Vivre dans l'instant est la passion dominante – vivre pour soi-même, et non pour ses ancêtres et la postérité. Nous sommes en train de perdre le sens de la continuité historique, le sens d'appartenir à une succession de générations qui nées dans le passé, s'étendent vers le futur. »

L'épanouissement de la société de consommation étant l'évident corollaire d'une telle dynamique. Je consomme donc je suis.

Une autre conséquence de ce vide doit être relevée néanmoins. Il s'agit de l'invasion totalitaire des nouveaux dogmes sociétaux, fondée sur le rejet du débat d'idées. Depuis les années 1980, on assiste au rejet de la maïeutique, à l'interdiction grandissante dans le débat public de certains questionnements qualifiés d'illégitimes. La seule question encore tolérée étant de savoir d'où l'on parle et à quelle catégorie sociale on appartient pour être légitime à intervenir. À peine nés, nous voilà déjà frappés d'assignation à résidence dans des quartiers de haute sécurité dogmatique.

Peut-on encore débattre en France ? Pour une frange de la gauche, non. Les interrogations sociétales sont interdites, l'identité même devenant parfois un reproche : on en arrive à lire dans *Le Monde* « Peut-on encore être hétérosexuel ? », un exemple parmi d'autres d'un article partant d'une question qui en réalité induit le reproche et l'imposition totalitaire de ce que l'on devrait faire jusque dans sa sexualité. Cela se traduit aussi sur le plan culturel, les années 1970 et 1980 ayant été marquées par la mise au ban d'intellectuels et d'artistes au motif qu'une certaine intelligentsia trouvait qu'il était de bon ton de les vilipender. Ces totems idéologiques sont totalement tributaires du caractère impérialiste des modes américaines (même si l'inspiration française, notamment à travers Jacques Derrida, est revendiquée), qui viennent envahir nos grilles d'analyse et polluer notre rapport à l'autre, trouvant comme porte-étendards des personnes issues de la gauche, cette même gauche qui pourtant rejetait quelques décennies auparavant toute forme d'« impérialisme américain ». Comme pour toute mode, ce sont les lois des minorités vagissantes qui s'imposent en venant modifier notre vocabulaire avec de nouveaux pseudo-concepts : *cancel culture*, écriture inclusive, intersectionnalité, hétéronormativité, adelphité, déconstructivisme, racisme systémique, etc.

La *cancel culture* ou culture de l'annulation est l'un des marqueurs les plus forts de ce phénomène. Au nom de la reconnaissance des victimes de la colonisation ou de l'esclavage, les chantres de la *cancel culture* anéantissent des siècles d'histoire en vertu d'une nouvelle idéologie qu'ils souhaiteraient dominante, à portée rétroactive et venant détruire une longue construction civilisationnelle.

Le wokisme est le corollaire de cette tendance. Le dictionnaire a intégré ce mot il y a deux ans en dépit des protestations de ses promoteurs, lesquels préfèrent nier le mot pour mieux imposer la chose. À l'origine associé à la culture afro-américaine, le substantif « woke » est relatif à l'éveil nécessaire à la défense de minorités victimes d'oppression et de discrimination. S'il peut paraître l'expression d'une cause légitime, son dévoiement est en revanche toxique pour la société occidentale. L'enfer idéologique est pavé de bonnes intentions. Là où le wokisme s'affirme comme une force para-totalitaire, c'est quand ses partisans considèrent que seule une catégorie sociale dite « dominante » (blanche, hétérosexuelle, chrétienne et masculine) devrait demander pardon à ses nouveaux créanciers moraux. Dès lors, dans ce face-à-face entre oppresseurs et opprimés, aucun échange d'arguments n'est plus possible.

Ce nouveau monde de la gauche, pourtant issue d'une culture antiraciste, aboutit à ériger de nouveaux apartheids. Et on limoge des personnes de certains orchestres anglo-saxons parce qu'elles sont blanches ou parce que ces dernières osent tenir le rôle de personnages historiques de couleur dans des opéras. Cette chasse aux sorcières contribue aussi à l'appauvrissement de la pensée intellectuelle, l'essentiel se noyant dans un océan de superficialité, de caricature et d'intolérance où l'on débaptise les lieux publics, où l'on débat des pistes cyclables genrées, où l'on transforme des spaghettis à la carbonara en pâtes au safran inclusif.

Le pire est que les trissotins de cette mauvaise daube intellectuelle se considèrent comme des génies. C'est là l'absence d'humilité de notre époque, à l'antipode des penseurs de la Renaissance qui revendiquaient le fait que les textes des anciens nous instruisaient, nous nourrissaient, nous façonnaient. Dans « humanisme », il y a le mot « humus ». Plus haut est l'arbre, plus profondes sont les racines. Voilà pourquoi l'humanisme prend souche dans les enseignements du passé, voilà pourquoi il se meurt aujourd'hui à l'ombre des mouvements qui s'érigent en censeurs dans les tribunaux médiatiques, prononçant des condamnations lapidaires et anachroniques pour crime de racisme, de discrimination, de non-respect. Le comble est qu'ils se dressent en défenseurs de la différence alors qu'ils n'ont de cesse d'anéantir tout ce qui n'est pas conforme à leur doxa.

Par ailleurs, en France, l'invasion de la société par les vagues et les vogues de la vengeance, nées aux États-Unis, a eu des effets dévastateurs et a pris une ampleur particulière, parce que le terrain était préparé par une véritable culture du ressentiment. Les efforts conjoints du gaullisme et du communisme pour façonner l'image d'une nation et d'une société honorables, issues de la Résistance et de la victoire, fondées sur le partage des fruits de la croissance économique n'ont pas résisté avec le temps aux assauts des piètres penseurs. L'université a fait des sciences humaines, y compris dans leurs développements brillants et novateurs, des outils de suspicion appliqués à l'ensemble du champ social : non seulement le travail et la justice, mais aussi l'école, la santé, la médecine et le savoir lui-même étaient frappés.

Les réalités françaises occultées ont refait surface : les travaux de Paxton sur la Collaboration ont dans les années 1970 fait l'effet d'une déflagration progressive ; la question de l'immigration est devenue dans les années 1980 la question des générations issues de l'immigration, de leur marche inégale, voire ratée vers l'intégration et ce sujet a lui-même ravivé celui de l'histoire coloniale de la France. Ces sujets seraient de lourdes charges pour n'importe quel pays et n'importe quelle société mais, aujourd'hui, la France donne l'impression de littéralement s'y embourber, sans parvenir à les dépasser. Le ressentiment, la revendication, la mauvaise conscience, la culpabilisation et la haine de soi permanentes constituent la matrice de tout débat social.

Depuis la Révolution française, la gauche dans notre pays campe sur les hauteurs de la vertu. La part de responsabilité de cette famille politique dans le refus d'accepter toute contradiction est évidente. On la retrouve dans son refus d'opérer un *aggiornamento* anti-totalitaire contrairement à d'autres gauches européennes. Elle refuse de rompre avec les réquisitoires répétitifs et incantatoires auxquels elle est habituée, raison pour laquelle elle est empêchée de dénoncer tant le woksime et l'islamisme. Elle a toujours refusé d'analyser historiquement le fascisme ce qui lui permet de qualifier tous ses adversaires de fascistes. Elle a toujours refusé de faire l'analyse de ce qu'était le totalitarisme, ce qui aurait conduit à un procès moral contre le Parti communiste français. Cette cécité de la gauche française et sa propension à voir des fascistes partout et des totalitarismes nulle part, forment un système rhétorique d'une redoutable efficacité à défaut d'être sérieux. Cette indignation sélective, applaudie depuis des décennies par certains penseurs et médias complaisants, fait que la gauche est moins gênée de recevoir Castro que Jean-Paul II.

Cette mauvaise foi intégrale s'incarne aussi dans les leçons de morale qu'elle s'est crue, à chaque fois qu'elle a occupé le pouvoir, ontologiquement en droit de donner à d'autres nations. Prenons l'exemple de l'extradition du terroriste Cesare Battisti, auteur de quatre assassinats : François Mitterrand, devenu Président de la République, s'était engagé à n'extrader aucun militant d'extrême gauche renonçant à la lutte armée. Plus d'une centaine de militants italiens ayant activement participé aux sanglantes « années de plomb » ont pu refaire leur vie en France. En toute quiétude, Cesare Battisti a bénéficié de cette politique de 1990 à 2004, Jacques Chirac y mettant fin. Des cris d'orfraie se sont alors élevés contre son extradition en Italie, pays pourtant démocratique. Au final, la France considère la justice italienne comme elle considère la justice kurde irakienne lorsqu'elle rapatrie ses djihadistes.

Mais la droite n'est évidemment pas exempte de critiques. Tout d'abord, en abandonnant le terrain des idées, se contentant d'être dans la gestion plutôt que dans la projection. En prônant, aussi, un discours de soi-disant « rigueur » sur le plan budgétaire pour cautionner la mise à sac des services publics. La recherche d'économies sans faire de choix, sans échelonner les priorités, sans donner du sens aux restrictions budgétaires en ayant seulement une approche comptable a été une erreur suicidaire. Certaines prestations sociales ne peuvent se réduire à des chiffres. Ce qui a trait au savoir, à la culture, à la transmission, ce qui permet l'enrichissement intellectuel et sensible des individus ne peut se quantifier. Les choix de restrictions dans les services essentiels auraient aussi mérité d'être démontrés, d'être précédés de véritables études d'impact qualitatives, si tant est qu'ils pouvaient systématiquement l'être. Cette obsession d'être réformateur pour la réforme plutôt que pour un changement de société expliqué aura ainsi trouvé à se matérialiser par la référence à Margaret Thatcher dans certains argumentaires de campagne – ce qui relève pour le moins du trait de bravoure tant l'ancienne Première ministre britannique eut un bilan controversé, notamment sur le plan social.

Si l'endettement continu de notre pays est un fléau à dénoncer et à endiguer, il ne peut l'être au nom d'un discours parfois caricatural anti-fonctionnaires ou anti-service public. Certes, les dérives liées au confort d'un statut sont réelles – l'État-providence, engoncé dans sa lourdeur technocratique, n'ayant plus les moyens de remplir ce qui relève bien souvent davantage de l'assistanat que du service public. Les grèves abusives dans certains secteurs ont aussi détourné une partie de la population desdits services, comme c'est le cas pour les transports. Or, la vraie question n'est pas de remettre en cause le service public – qui ne serait qu'un ogre dévorant les deniers de l'État –, mais plutôt de revenir aux fondamentaux : qu'est-ce qui doit relever de l'intérêt général ? Comment revenir au sens du service public tel qu'il a été imaginé au début du vingtième siècle, avant qu'il ne devienne le véhicule de l'étatisation universelle ? Il me semble d'ailleurs que c'est aussi l'occasion d'associer le peuple à cette réflexion pour aboutir à une définition commune, exigence première pour de nouveau faire nation. C'est un moyen également pour la droite de toucher des compatriotes issus d'origines sociales différentes sur tous les territoires afin d'établir un nouveau contrat social. C'est prendre le risque d'accepter, aussi, de hiérarchiser les objectifs selon qu'ils relèvent de l'intérêt général ou pas, afin d'établir des critères concrets dans la définition des politiques publiques de nos gouvernants ; je crois limité ce risque car nos concitoyens ne demandent finalement qu'à ce qu'on leur donne un cap et que l'on arrête de caboter le long des rivages de l'émulsion médiatique.

Face à ces dérives qui conduisent à la marchandisation des relations humaines et à l'effacement de la figure de l'Autre, comment penser un monde différent ? Que signifie le mot « ensemble » dans ce monde-là ? Comment participer à la beauté d'une cité idéale ? Comment incarner un contrat social dans un univers dépourvu de tout système de régulation ?

Dans son approche strictement philosophique, la pensée chrétienne peut y aider. La personne humaine n'est pas un objet mais un sujet. Il faut la remettre au centre de la cité. On pensait que l'individualisme et le consumérisme allaient combler un vide, ils n'ont fait que creuser un gouffre qui s'ouvre sous nos pieds. Il est frappant d'observer que l'on n'appréhende plus l'autre comme une personne mais comme un individu qui ne prend de la valeur qu'en possédant des biens matériels. Autrefois, on ironisait sur le fait qu'aux États-Unis on demandait systématiquement combien l'on gagne. Pourtant, une fois que je remettais des dictionnaires dans une école d'un quartier dit « prioritaire », la première question des enfants qui m'a été posée était : « Tu es riche ? » Ensuite : « Tu gagnes combien ? » Puis : « Tu as une voiture de luxe ? » Ces interrogations sont le résultat des fantasmes véhiculés dans les clips des rappeurs, notamment américains, où sont exhibés cylindrées de luxe et bijoux grossièrement rutilants.

Cette nouvelle forme de barbarie où le fait de gagner le maximum d'argent devient la nouvelle quête du Graal explique aussi la montée de la prostitution dans certains quartiers de banlieue, tout comme chez des jeunes femmes issues de milieux plus aisés. Selon une étude publiée en 2019, les jeunes victimes – souvent des mineures –, sont repérées sur les réseaux sociaux (Instagram, Snapchat) pour ensuite être amenées à se prostituer dans des appartements loués sur Airbnb. L'étude dénonce les « bordels éphémères » que deviennent ces appartements. La marchandisation du corps dénuée de toute conscience de sa propre valeur humaine ou d'une estime de soi minimale et la banalisation poussée à l'extrême des atteintes contre les personnes et leur dignité, sont le symptôme d'une société purgée de toute forme de sens, au point que l'on peut se demander si certains vivent encore une vie humaine.

Immense est la responsabilité des générations ayant assumé le pouvoir, aujourd'hui comme hier. Elle exige une remise en question profonde, totale, pour restituer la dignité aux générations qui viennent, leur offrir l'élévation, les convaincre que la beauté et la spiritualité nourrissent plus que le matériel, que la fierté née de l'effort et la persévérance sont plus belles que la vanité liée à l'éphémère apparence.

La consommation du médiocre, jusque dans nos assiettes, sur nos écrans, doit urgemment susciter un mouvement collectif pour faire société. Le contrat social est fondamental, le bien public est essentiel. Le socle commun indispensable. L'homme a besoin de donner un sens à sa vie, d'en exorciser l'absurdité. Il a besoin d'utopies. C'est d'ailleurs ce que la droite oublie depuis longtemps quand elle construit son discours et son programme.

I

Les sept péchés capitaux de la droite

Si un jour la droite souhaite revenir aux responsabilités nationales, être suffisamment audible pour convaincre le peuple qu'elle est celle qui peut tracer un chemin pour les générations futures, pour recouvrer le respect et l'écoute des classes populaires comme des classes dirigeantes, elle doit poursuivre un double travail : reconnaître ses erreurs et ses fautes d'une part, offrir une vision reposant sur quelques piliers de l'autre.

Cet exercice n'a pas pour objet de renier les combats passés, au contraire. S'il est vrai que je dois mon entrée en politique à Philippe Séguin, je ne regrette nullement d'avoir été porte-parole de François Fillon et Valérie Pécresse. J'ai aimé leur rigueur intellectuelle, leur courage et leur profonde humanité. Je sais bien que depuis Michel Noir et François Léotard, la mode médiatique a toujours couronné à droite les fausses dissidences et les rebelles de sous-préfecture. C'est un secret de Polichinelle que l'on a toujours déroulé un tapis rouge à ceux qui, à droite, tiraient contre leur camp. Ces snipers du néant, ces éoliennes politiques, n'auront fait que brasser du vide.

La loyauté en politique, notamment dans les moments difficiles, est bien souvent le révélateur d'un tempérament. C'est sous son prisme qu'on peut voir avec clarté à quels moments la droite s'est fourvoyée, entraînant malgré eux ses différents candidats dans l'impasse.

L'aveuglement

Au lendemain de la Seconde Guerre mondiale, troisième conflit entre la France et l'Allemagne en moins d'un siècle, c'est la nécessité d'empêcher une nouvelle guerre qui tient lieu de socle à la construction européenne. En aucun cas n'est remise en cause ici la volonté sincère des dirigeants de ces nations meurtries et lourdement endeuillées de consacrer la réconciliation et l'amitié entre elles. Le traumatisme de ces conflits destructeurs d'humanité aura permis l'enracinement de cette amitié.

Mais sur la base de cette nécessaire fraternité s'est bientôt imposée l'idée de bâtir une politique européenne s'appuyant sur ce duo, allant jusqu'à conceptualiser cette volonté sous le nom de « couple franco-allemand ». Or, en réalité, le couple (si l'on entend bien évidemment par « couple » le fait que ses deux membres se situent sur un pied d'égalité) n'a jamais fonctionné ni même existé, dans la mesure où il reposait sur des visions antagonistes. Et dans un continent aspirant à la paix, les divergences d'opinions sur des sujets fondamentaux émergèrent quasi parallèlement à cette édification pacificatrice.

L'alliance fut dès le départ inégale : notre voisin d'outre-Rhin était divisé et seule l'Allemagne de l'Ouest était concernée par ce rapprochement qui excluait l'ancienne Prusse, sous contrôle soviétique. Surtout, l'Allemagne vaincue n'avait pas de souveraineté militaire ou diplomatique alors que la France est l'un des cinq membres permanents du Conseil de sécurité de l'ONU.

L'Allemagne de l'Ouest aura donc durant toute cette période une attitude ambivalente : d'un côté, elle ne se fie qu'au parapluie nucléaire américain et, de l'autre, elle est obnubilée par son seul objectif : la réunification. Cela explique les arrière-pensées lors de l'élaboration du plan Fouchet (finalement rejeté en 1962), qui prévoyait l'institutionnalisation d'une coopération intergouvernementale entre les États membres en matière de politique étrangère et de défense, de science, de culture et de protection des droits de l'homme, posant en réalité les jalons d'une confédération franco-allemande. Le Général de Gaulle ne souhaitait pas qu'on y intègre une référence à l'OTAN. Ce point fut le premier désaccord officiel entre la France et les autres États membres, l'Italie et l'Allemagne, favorables à une défense européenne si tant est qu'elle se fasse dans le cadre de l'Alliance atlantique – un désaccord qui en dit long.

En 1963, alors que de Gaulle et Adenauer signent le traité de l'Élysée afin de tenter à deux cette union politique qui avait échoué à six, le chancelier se trouve désavoué par le Bundestag, les députés allemands obtenant la mention de la double appartenance à l'OTAN et à l'Europe, soulignant ainsi l'isolement de la France. De Gaulle constatera, amer : « Les liens préférentiels contractés en dehors de nous et sans cesse resserrés par Bonn avec Washington, ont privé [le traité] d'inspiration et de substance. »

La réunification allemande de 1990 change tout : avec elle, c'est le changement symbolique de capitale de Bonn à Berlin, le retour à un déséquilibre démographique vis-à-vis d'une Allemagne peuplée de 80 millions d'habitants et le rétablissement d'une pleine souveraineté. Cependant, l'idée mitterrandienne d'un néo-fédéralisme ne change pas la donne – ce fédéralisme renforcé n'étant toujours pas politique, mais économique et commercial.

Le passage à la monnaie unique est significatif. Les crises pétrolières achèvent d'affaiblir le franc et les États européens n'ont le choix qu'entre la zone dollar (l'option du Royaume-Uni) et la zone mark (celle de l'Europe du Nord à laquelle se rallient les États du Sud, alors que leur modèle économique est totalement différent). De ce fait, l'euro-mark, (dont la banque centrale siège symboliquement à Francfort) sera un gain considérable pour l'Allemagne et contribuera à désindustrialiser la France et l'Italie. Récemment, le Centre de politique européenne, think tank allemand reconnu, établissait que si l'Allemagne avait bénéficié du passage à l'euro, profitant d'une monnaie dans la continuité du Deutsche Mark pour exporter ses produits à haute valeur ajoutée, la France en aurait au contraire largement fait les frais, pour des raisons également liées à son incapacité à mener les réformes lui permettant de bénéficier de la monnaie unique.

L'élargissement européen à l'Est a également été très bénéfique à l'Allemagne, les nouveaux entrants soutenant les vues de Berlin pour des raisons historiques (la *Mitteleuropa*) et économiques (le rapport de sous-traitance existant entre leurs économies). Enfin, si la France a souvent galopé derrière l'Allemagne, celle-ci n'a eu aucun scrupule à faire cavalier seul sur des choix industriels militaires, sur l'accueil des migrants ou sur l'abandon du nucléaire au profit du gaz russe (affaiblissant d'autant l'autonomie du continent).

De tous les chefs d'États de la Ve République, de Gaulle a été le seul à se donner les moyens économiques d'un vrai dialogue avec l'Allemagne (plan Rueff) même s'il a totalement sous-évalué les vraies raisons géopolitiques de la stratégie allemande et s'il ne s'est jamais doté d'un plan B (avec l'Europe du Sud ou avec le Royaume-Uni).

Nicolas Sarkozy, qui n'a pas toujours pris de bonnes décisions sur le plan diplomatique, avait néanmoins eu l'intuition que la France gagnerait à tendre vers une Communauté des États européens méditerranéens. Tant la gestion des flux migratoires et les enjeux qui lui sont liés – politique de visas, déséquilibres démographiques, réchauffement climatique –, que les besoins énergétiques, l'approvisionnement en matières premières ou la résolution de tensions historiques qui déstabilisent notre monde occidental plaident en faveur d'une nouvelle vision : l'avenir de l'Europe peut être au sud et la France peut y tenir un rôle de leader. Mais cette union méditerranéenne ne suffira pas si la France ne retrouve pas du poids, notamment sur le plan économique et industriel, pour faire face à celui de l'Allemagne.

L'abandon

Notre famille politique s'est construite à partir du modèle d'un homme qui a su se lever et dire « non » pour mener vers l'espérance. Dans la continuité de ce « non », le Général de Gaulle a toujours œuvré à donner à notre pays les moyens de son indépendance. Celui qui se prétendait son héritier, Jacques Chirac, fraîchement converti à la cause, a fait le choix tardif de la soumission en soutenant le traité de Maastricht. Cette soumission fut en prime l'aboutissement de reniements permanents destinés à se faire aimer des « élites » de l'époque et décrocher ainsi un brevet en respectabilité politique comme les enfants décrochent la queue du tigre dans les manèges. Terrible soumission qui n'a eu pour effet que d'éloigner l'Europe de ses citoyens. Une soumission aux diktats des technocrates de Bruxelles. Une soumission même de nos instances juridictionnelles qui finirent par assujettir notre Constitution au droit européen. Ce ralliement au « oui » de Jacques Chirac s'est fait sans ardeur et sans conviction profonde, l'intéressé lui-même annonçant son choix « en toute lucidité, sans enthousiasme, mais sans états d'âme ».

Mais l'abandon caractérisé de la droite, c'est aussi d'avoir laissé à la gauche des thématiques fondamentales comme la culture, l'éducation ou l'écologie. Comment laisser le champ de la culture à la gauche alors qu'André Malraux fut à la tête du premier ministère des Affaires culturelles, qu'il incarna la volonté de l'État de mener une véritable politique cultuelle, qu'il s'attacha à la restauration du patrimoine et aida profondément les artistes et les différentes disciplines artistiques.

Pourquoi avoir laissé la gauche faire de l'éducation le temple de son idéologie au détriment, parfois, de l'instruction et des élèves ? Pourquoi avoir aussi laissé à la secte verte le monopole de l'écologie pendant des années alors qu'il s'agit d'un thème qui touche au bien commun ? Il est frappant et désolant d'observer que nombre de maires de droite ou présidents d'exécutifs départementaux et régionaux appliquent dans les territoires des politiques d'éducation artistique et culturelle ambitieuses, qu'ils défendent une vision de l'écologie qui ne s'oppose pas à l'humain et au progrès – contrairement aux autoproclamés détenteurs de la défense de la planète (le fait qu'ils taxent de *greenwashing* tout ce qui viendrait empiéter sur leur fonds de commerce vert est à cet égard assez révélateur). Et pourtant, malgré cette richesse locale, la droite nationale n'a pas toujours su ériger en politique d'État ces exemples territoriaux.

Enfin, la droite a péché par lâcheté en abandonnant au pouvoir toute opinion claire sur la politique du logement. Si les élus locaux fustigent en permanence les absurdités de la loi solidarité et renouvellement urbain (SRU) et ses dérivés, s'ils pointent du doigt le fait que la logique chiffrée de ce texte prive les quartiers populaires d'une vraie et nécessaire mixité sociale, la droite au pouvoir n'a pas osé réformer en profondeur la politique de l'habitat, probablement par peur d'être accusée de ne pas aimer les plus défavorisés. En cela, elle s'est engouffrée dans la confusion entre logement social et logement d'urgence, empêchant les classes moyennes et les travailleurs pauvres d'accéder à la propriété par une politique de parcours résidentiel.

Le cynisme

Pour Jacques Chirac, nul doute que le livre d'Emmanuel Todd sur les fractures sociales en France ait été une divine surprise. Les Français attendaient Philippe Séguin et, par une habile manœuvre de bonneteau, ils héritèrent d'Alain Juppé.

Cette fracture sociale apparaît pourtant, depuis que son constat s'est imposé à la faveur de la campagne présidentielle de 1995, de plus en plus profonde et béante, avec un sentiment d'injustice croissant, des inégalités de classes et de territoires. Sans la résorption de cette fracture, la cohésion nationale est impossible. L'iniquité est le terreau le plus légitime à l'exacerbation de la colère.

Si les mots du candidat Chirac étaient forts, les premiers actes du président furent particulièrement aussi faibles – pour ne pas dire antinomiques vis-à-vis du discours tenu. Devant l'importance des déficits (déjà !) mais aussi par manque de convictions ancrées, et par choix d'un premier ministre

« droit dans ses bottes », Jacques Chirac abandonne l'axe social de son programme pour s'engager dans une politique budgétaire de redressement drastique des comptes publics. Ici, la fracture immense entre le politique et le peuple n'est plus sociale mais institutionnelle.

La paresse

La paresse, quant à elle, est avant tout intellectuelle. Elle a consisté à élaborer des catalogues faute de pouvoir mener les Françaises et les Français vers un projet collectif. Parfois, elle a tenté d'habiller ces catalogues de fausses bonnes idées – on pense au quinquennat qui a renforcé le court-termisme. Des femmes et des hommes de grande qualité ont pourtant travaillé sur ces programmes, mais en renonçant finalement à creuser les sillons d'une autre société, en privilégiant l'approche budgétaire plutôt qu'économique. Ils ont aussi parfois été aveuglés par le prisme technocratique de ce qui leur semblait valable de leur unique point de vue, plutôt que de vouloir expliquer et comprendre ce que cela pouvait apporter ou non au citoyen.

Que ce soit lors des révisions générales des politiques publiques (RGPP) ou lors du Traité établissant une Constitution pour l'Europe, nos édiles ont été incapables d'exposer clairement les avantages pour les Français d'adopter ces réformes. Il faut dire que la vision d'un techno n'est pas forcément la même que celle d'un smicard.

Tout ceci ne va pas sans une certaine arrogance, notamment sur les textes européens où, lorsque l'on se permettait d'envisager de voter non, l'on était immédiatement taxé d'anti-européen primaire. C'est finalement une anti-pédagogie catastrophique qui pourrait s'illustrer ainsi : c'est l'image de votre vendeur de magasin de bricolage vous expliquant qu'il faut acheter cet outil et pas un autre car sinon vous ne serez jamais à la hauteur, plutôt que d'expliquer ce que cet outil va vous apporter pour réussir vos travaux.

Le reniement

Le reniement, c'est le refus des valeurs qui ont tissé notre histoire. C'est aussi la compromission idéologique et la traîtrise politique. Certains rétorqueront que le reniement a depuis longtemps acquis ses lettres de noblesse en politique. Citons seulement ce fameux et fumeux épisode où, sous l'égide de Jacques Chirac et du couple Garaud-Juillet, 39 députés et 4 ministres gaullistes appelèrent à voter au premier tour de l'élection présidentielle de 1974 contre Jacques Chaban-Delmas et en faveur de Valéry Giscard d'Estaing, principal artisan de l'échec du Général de Gaulle au référendum de 1969.

Le problème du reniement, c'est qu'il revient toujours en boomerang. En 1981, beaucoup de gaullistes suivirent les consignes de Charles Pasqua pour faire battre Giscard. Et peu avant sa mort, François Mitterrand affirmait encore qu'il n'aurait pas été élu « sans l'apport des voix de Chirac ». Chirac a-t-il inventé le reniement permanent ? Sans doute pas, mais il en fut un remarquable artisan.

D'autres ont pris la suite, avec moins de talent, mais avec davantage de soutien des éditorialistes complaisants. Des « rénovateurs » aux « constructifs », la droite a toujours su habiller d'un string médiatique sa nudité idéologique.

Les derniers débauchages opérés par Emmanuel Macron en furent l'ultime manifestation et sans doute la plus flagrante. Car elle ne s'est même pas embarrassée d'alibi programmatique autour d'un projet commun, elle est allée directement à la distribution généreuse d'investitures ou de portefeuilles.

L'absurdité

Pour reprendre une citation du Baron Louis : « Faites-nous de bonne politique et je vous ferai de bonnes finances. » Il est tout aussi absurde de vouloir faire des économies sur tout que de pérorer qu'il ne faut faire d'économies sur rien. Et il est trompeur de croire qu'affirmer réformer pour réformer induit une présomption de sérieux et de capacité à gouverner le pays. Alors, réformer pour quoi et pour qui ?

La révision générale des politiques publiques partait du sentiment louable de débureaucratiser un pays lourdement sclérosé par le poids des structures administratives, d'optimiser et rationaliser l'usage des deniers publics pour une plus grande efficience de l'action politique et, surtout, de réduire une dette annihilant notre indépendance et faisant peser des risques sur les générations futures.

Finalement, ces révisions successives, conduites de manière fortement centralisée, sans s'appuyer sur l'expertise des acteurs de terrain, ont eu un impact négatif sur le pays et sur les administrations censées être allégées. Qui peut dire aujourd'hui que les services publics se portent mieux, sont plus lisibles et accessibles ?

De plus, l'insuffisance de sens pour justifier des fusions de services ou des suppressions a enraciné un sentiment d'inaction publique et de déshumanisation extrêmement fort. L'irrationalité de notre système normatif, la suradministration et l'opacité qu'elle entretient qui font que personne n'est réellement responsable et qui provoquent souvent des situations kafkaïennes et injustes, les destructions de services et de postes dans les domaines de la santé, de la sécurité, sont autant d'échecs liés à l'absence de concertation et de réflexion avec les territoires au moment de la mise en œuvre des « réformes » en question.

À force de se targuer d'être courageuse en portant ces politiques, la droite a oublié de voir qu'elle s'enfermait dans un dogme comptable plutôt que de se poser avec le peuple la question de ce qui relève de l'intérêt général et de ce qui doit être pour cela sacralisé, pérennisé et renforcé face à ce qui, au contraire, devrait relever du secteur privé.

Les mille-feuilles institutionnels ont de plus perduré pour des raisons bassement électoralistes – il n'était pas question de se priver du soutien de ses pairs en les dépossédant de leurs titres et pouvoirs.

Le mépris

Un péché dépasse pourtant tous les autres et marque un tournant. Le référendum sur le Traité établissant une Constitution pour l'Europe intervient dans le deuxième quinquennat de Jacques Chirac, élu par défaut en 2002 face à Jean-Marie Le Pen.

Rappelons que le dernier référendum français venant ratifier un traité, celui de Maastricht, s'était soldé par la victoire du « oui » de justesse, le peuple français y voyant déjà un abandon dangereux de sa souveraineté. Pendant la campagne du référendum, les clivages ne sont déjà plus ceux de la politique intérieure, le camp du « oui » comme celui du « non » étant composés d'un attelage hétéroclite, Philippe Séguin l'avait d'ailleurs ironiquement souligné : « La droite et la gauche sont deux détaillants qui ont le même grossiste. » On voit là ce qui vient nourrir le discours populiste des extrêmes : gauche ou droite, même combat. Et ce sont finalement, déjà, les jalons du « en même temps » macroniste qui sont posés.

Dans un contexte défavorable au pouvoir, notamment marqué par une réforme de l'éducation provoquant des émeutes dans les lycées, on assiste à la montée dans l'opinion du débat qui se referme sur la directive Bolkestein avec la mise en exergue du « plombier polonais ». Et c'est finalement le « non » qui l'emporte à 54,6 %.

Ce référendum a été l'acte fondateur d'une recomposition de la classe politique, encore accélérée par le vote du Congrès venant ratifier le traité suivant, celui de Lisbonne, lequel reprenait les dispositions préalablement rejetées par les votants de 2005, alors même que la droite avait l'occasion rêvée de profiter de ce refus populaire pour proposer un projet confédéral et en finir avec l'alliance étouffante et ambiguë avec une Allemagne défendant plus que jamais ses propres intérêts.

La montée des mouvements dits « populistes » trouve largement sa source dans cette trahison du vote populaire, la défiance vis-à-vis d'élites jugées méprisantes et ennemies des classes populaires se fondant sur ce passage en force des parlementaires qui semblait dire que le mauvais choix des Français devait être corrigé par le politique. Ce déni de démocratie ne pouvait qu'attiser une colère qui grandirait jusqu'à s'incarner dans la présence permanente de l'extrême droite au second tour de l'élection présidentielle, la montée en puissance de l'extrême gauche et le mouvement des gilets jaunes.

La faute de la droite l'a durablement entachée. Je ne conçois pas que l'on puisse envisager la future élection présidentielle sans faire acte de contrition vis-à-vis de ce coup de poignard dans le dos de notre propre peuple, que l'on ait été partisan du « oui » ou du « non ».

Les conséquences pour l'Europe sont en vérité bien pires que si le « non » l'avait emporté. Jamais la démocratie sur notre continent n'a autant été mise à mal. L'Europe n'a d'ailleurs tiré aucune leçon, ni du référendum français, ni de celui des Pays-Bas ; elle est toujours moins protectrice, sans stratégie, écrasée sous sa bureaucratie.

La responsabilité de la droite est accablante, il faut la reconnaître pour aspirer à renouer un lien de confiance avec le peuple. Certains révoltés de salon jugent que la rupture avec les classes populaires a pour cause principale des positions réformatrices comme la retraite à 64 ans. Je pense au contraire que c'est d'avoir eu le comportement de Judas qui a enraciné le rejet que nourrissent nos concitoyens.

Cette fracture de 2005 explique probablement la pusillanimité de nos dirigeants. Depuis 2005, ces derniers craignent le peuple en évitant soigneusement de recourir à sa consultation, ce qui attise en retour le sentiment de défiance à l'égard de la classe politique.

Sur le plan européen, le manque de courage se manifeste aussi par notre incapacité à imposer nos choix, quitte à recourir au compromis de Luxembourg, nos dirigeants préférant au droit de veto une regrettable sujétion. Le Général de Gaulle avait réussi à faire la synthèse des trois droites décrites par René Rémond ; nos représentants ont finalement privilégié les courants légitimistes et orléanistes en foulant aux pieds le courant issu du bonapartisme qui fonde la légitimité d'un chef sur le recours au peuple.

II

Sauvons l'école pour sauver la République

Les Français ne votent plus parce que ce qu'ils voient de la politique leur paraît dépourvu de sens, de finalité, de vision. La question qu'ils ont cessé de se poser au gré des élections présidentielles est de savoir à quoi sert finalement un responsable politique à l'échelon national.

Si nous poursuivons dans la voie qui est celle de l'incapacité à tracer une route, si nous échouons à mener notre nation vers un horizon commun qui à la fois l'enracine dans une histoire, une culture, tout en lui donnant sa place dans le monde de demain, alors les partis traditionnels de gouvernement achèveront de se faire balayer par des mouvements populistes. Dans ce scénario-ci, ces mouvements finiraient probablement eux aussi par décevoir. Alors cette dynamique aboutira à l'implosion des régimes démocratiques.

Or, pour faire société et nation, pour tracer cette route, il ne peut y avoir comme boussole que le meilleur pour les générations qui nous succèdent. En tant que mère et femme politique, je suis indignée et ébahie par le peu de cas que nous faisons de l'enfance dans les programmes depuis plusieurs décennies, notamment à travers la question fondamentale de l'école et du savoir.

L'excellence de l'école républicaine devrait être le piller d'un projet national. Mais dans la sphère médiatique, le débat est inexistant en période électorale, le thème étant quasi ignoré. Pourtant, notre système éducatif n'a jamais été autant ébranlé et il me semble évident que s'il y a une grande cause nationale qui doit s'imposer, c'est celle qui apportera des solutions sérieuses à cet enjeu majeur pour notre avenir. Je suis totalement convaincue, et en tout cas je le porterai, que le scrutin de 2027 doit reposer sur un nouveau projet de nation autour de l'éducation et des générations futures.

Pourquoi l'effondrement de notre système éducatif ne gêne-t-il pas l'élite ? Tout simplement parce que, depuis longtemps, elle est elle-même en régression. La baisse du niveau d'expression se voit au Parlement, dans les débats de plus en plus violents où la « punchline » est préférée au fond, où l'on se moque de l'univers culturel des politiques, où les anathèmes fleurissent, où l'analyse à court terme est privilégiée en raison de la dynamique d'émissions souvent répétitives, courtes, favorisant les duels donquichottesques plutôt que les joutes de bretteurs éloquents. Cet effondrement du niveau se manifeste aussi par la montée en puissance des réseaux sociaux et la dépendance à certaines applications dont les langages sont souvent les mêmes, tous partageant une profonde misère lexicale.

Car l'école est finalement le reflet de l'état de la nation française aujourd'hui. La situation de l'école maternelle et primaire jusqu'à l'université traduit dans ses dysfonctionnements l'effondrement d'une société qui se réduit à l'apparence, au matériel, à l'absence d'effort pour mieux faire oublier les inégalités qu'elle engendre. À la fin du cursus scolaire traditionnel, on ne peut que constater la baisse du niveau du baccalauréat, le manque de valorisation des filières manuelles-professionnelles, le nombre d'étudiants avec un niveau trop faible dans des universités s'apparentant parfois à des voies de garage, les abandons en masse avant la licence, le manque de compétitivité au niveau européen et le noyautage de certains établissements supérieurs par l'extrême gauche.

En cause ? L'égoïsme d'une génération incapable de transmettre, qui se contente du minimum pour ses enfants et qui trop souvent, pour son confort, se défausse sur le corps enseignant pour éduquer plutôt qu'instruire. En creux, on lit aussi le délitement du service public et les fractures profondes d'une nation qui ne fait plus corps. Une nation qui ne sait plus incarner la notion de collectivité, où l'intérêt général n'est plus qu'une formule comme c'est le cas à l'école où l'on a laissé s'exacerber l'individualisme des élèves eux-mêmes. Les exemples récents sont nombreux, de la réforme du baccalauréat de Jean-Michel Blanquer qui promeut un bac à la carte pour porter à leur paroxysme les choix distinctifs de chaque lycéen, à la sacralisation des expressions minoritaires avec l'augmentation du nombre des tenues religieuses dans les établissements publics. Si d'ailleurs la revendication du port de signes religieux ostentatoires est aussi conflictuelle aujourd'hui, c'est justement parce que l'école, dans une américanisation regrettable, incite les élèves à imposer leur identité encore en construction, leur déniant par ailleurs le droit de se forger un parcours pour les mener à la vie adulte.

Cet effondrement de notre école, peu dénoncé par les élites (mais constaté par tous), tranche aussi avec la prétention illégitime d'un pays qui se targue d'avoir l'un des meilleurs systèmes éducatifs au monde, de la même manière qu'il se vante d'être une grande puissance nucléaire alors que sa dépendance est de plus en plus importante. Pourtant, l'école française a très longtemps été un marqueur fort de notre identité républicaine, une source de fierté nationale qui a contribué au rayonnement de la France dans le monde.

Aujourd'hui, nous pouvons encore nous enorgueillir de compter, dans les rangs du système éducatif, des forces vives de la nation qui croient profondément à la noblesse de la transmission, au rôle sacré de l'instruction et à la fonction émancipatrice et égalitaire de l'école républicaine. C'est un corps de soldats, ceux qu'autrefois Péguy appelait les Hussards noirs, désespérés parfois, de la plus belle des causes qui, en raison de renoncements, d'inertie et de présupposés idéologiques est en déclin.

Depuis une vingtaine d'années, nous commentons *mezzo voce* les rapports accablants de l'OCDE sur les performances éducatives de nos enfants, qui détaillent combien elles demeurent très inférieures aux moyennes européennes. L'échec du développement d'une pensée logique, l'incapacité à maîtriser notre langue tant à travers son expression orale qu'écrite, la chute du niveau en mathématiques, autant de constats dramatiques qui devraient susciter un élan national, un réveil, une prise de responsabilité et la volonté de construire une société nouvelle organisée autour d'un contrat social dans son acceptation rousseauiste, meilleur rempart contre les individualismes et la barbarie, avec l'éducation pour colonne vertébrale.

L'absence de sens que je déplore dans la vie politique se retrouve encore une fois dans notre système éducatif, miroir de notre déclin national et républicain.

Il suffit de lire la lettre d'intention de Pap Ndiaye, ministre de l'Éducation nationale de mai 2022 à juillet 2023, qui, dans les cinq objectifs que doit poursuivre l'école, y intègre la question écologique et mentionne en premier lieu la lutte contre les inégalités sociales. Je m'empresse de rappeler que l'aspiration à lutter contre les inégalités sociales est un désir largement partagé par l'auteur de ces lignes, tout comme tenir compte du réchauffement climatique et de la nécessaire transition écologique.

Mais la lutte contre les inégalités doit-elle être le principal but que doit poursuivre un enseignant de l'école de la République ? Il est affligeant de constater que certaines des finalités fixées par le ministre sont absolument extérieures à celles de l'école.

À force d'ailleurs de cultiver l'idée que l'école doit avant tout avoir une fonction sociétale, on en a oublié que le premier des devoirs du monde scolaire est d'instruire (le glissement sémantique d'« instruction » vers « éducation » en dit d'ailleurs long). Parmi les complices de cette dérive, certains parents eux-mêmes, démissionnant ainsi de leur rôle d'éducateur en le confiant à l'enseignant. Au-delà de la mission d'instruire, on a finalement sacrifié l'enfant à qui on demande de faire valoir son individualité, de se passer des outils nécessaires à son apprentissage, le laissant de plus en plus dans un mal-être profond, incapable, faute de connaissances qui ne s'acquièrent qu'avec le temps, de combler les lacunes d'un enseignement de plus en plus raccourci, dans un monde de plus en plus mouvant, à la limite parfois de la dystopie. Cette superficialité se retrouve parfois même dans certaines pratiques périscolaires où la frénésie d'activités est un frein à l'approfondissement d'une ou deux disciplines.

Considérons les effets de la gestion de la Covid 19 sur l'enfant. L'égoïsme des pouvoirs publics vis-à-vis d'eux est assez stupéfiant : perspectives présentées de manière très anxiogène, fermeture des établissements scolaires, tests antigéniques naso-pharyngés traumatiques pour les plus petits avec un protocole complètement aberrant. Durant le mois de janvier 2022, j'avais réussi malgré les grincements de dents de l'Agence régionale de santé (ARS) à mettre en place des prélèvements salivaires PCR tous les matins sur fond musical se référant à l'univers des enfants. Les prélèvements partaient le midi au laboratoire pour que les parents aient le résultat le soir même. Ce que j'ai réussi à mettre en place à l'échelle de ma commune, Taverny, pourquoi l'État ne l'a-t-il pas mis en place sur l'ensemble du territoire ? Pourquoi proposer jusqu'à l'horreur absurde que des enfants aillent faire des tests parfois douloureux dans les narines jusqu'à trois fois par semaine ? Pourquoi, devant la bêtise d'un protocole sanitaire mal préparé, annoncé au moment de la rentrée scolaire, faire si peu de cas de l'enfant ?

Il est vrai que dans notre société actuelle, les théories des idéologues participent largement à la mise à mort de l'enfance et du droit de l'enfant à disposer d'un temps et de clés pour grandir. Il y eut la méthode globale, aujourd'hui largement abandonnée mais portée aux nues au moment de sa mise en pratique – toute critique objective étant alors impossible sous peine d'être taxé de rétrograde.

Il y a aujourd'hui la *cancel culture* qui prive les enfants du droit à un enracinement commun, à pouvoir se rattacher à une histoire et une évolution leur permettant de se situer dans une trajectoire tout en ayant les pieds bien rivés au sol, jusqu'à en faire des apatrides culturels. Plus profond encore est le rejet de la sélection, pourtant essentielle lorsque l'on croit au mérite et au talent.

Selon la théorie bourdivine, toute sélection à l'école contribue à reproduire les inégalités héritées de l'appartenance à une famille ou une classe. Dans cette aspiration à abolir les inégalités, le système éducatif s'est ingénié à bannir les différences, le collège unique en étant l'une des manifestations. Le niveau des classes a considérablement chuté, dans l'idée de pouvoir inclure le plus possible d'élèves à travers un nivellement par le bas (ce qui par ailleurs s'oppose à la notion même d'« élève », soit celui qui est censé être élevé). Et si les rapports internationaux pointent le décrochage français, ils soulignent également l'augmentation du nombre des diplômés. Ce paradoxe n'en est pas un puisque même le diplôme est parfois dépourvu de signification, l'exemple le plus criant étant le baccalauréat quasiment offert aux lycéens (96,1 % de réussite pour le bac général, 90,6 % pour le bac technologique en 2022).

Plus on parle de lutter contre les inégalités à l'école, plus on abaisse le niveau, plus la fracture sociale s'accentue. Et ce que les contempteurs de la sélection fustigeaient devient possible grâce à eux : la fuite de l'école républicaine vers l'école privée, pour les familles qui le peuvent financièrement.

Comment l'école républicaine peut-elle redevenir la garante de l'égalité des chances et du bon fonctionnement de l'ascenseur social ? En revendiquant tout d'abord la sélection en ce qu'elle découle des talents de chacun.

J'ai toujours été fascinée par la parabole des talents dans le Nouveau Testament. J'ai suffisamment foi en l'homme pour penser que chacun d'entre nous a justement un don, un talent à faire fructifier. Le rôle de l'école est de donner les clés pour faire ce travail d'accroissement du don (qui n'est pas forcément scolaire) que l'on a. La méritocratie ne doit pas être la récompense des plus fortunés ou des plus privilégiés mais justement celle d'une quête individuelle, le parcours initiatique étant aussi important voire plus que le résultat final. Elle va de pair avec une valeur qui va à l'encontre de l'homogénéisation, l'exigence. Je crois à l'exigence parce qu'elle permet justement de donner une chance à un jeune de s'élever dans la société, tout comme de le valoriser, à l'inverse d'un système où l'on se complaît dans des modèles au rabais, où tout est sujet à négociation entre l'adulte et l'enfant, où tout est relativisé.

Le parcours initiatique d'un élève permet justement la transition entre l'enfance et l'âge adulte. Pour accomplir ce parcours, il lui faut surmonter des obstacles, se dépasser, accepter d'apprendre, faire preuve d'humilité. Chaque trajectoire ne peut être que différente, et cette différence ne doit pas être vécue comme un fardeau, chacun contribuant au parcours de son camarade. Pour cela, il faut encourager les traitements différenciés au sein même de la classe, en permettant à des petits groupes d'être pris en main, ce qui impose des effectifs beaucoup plus réduits que ce que connaissent nombre de classes d'écoles élémentaires.

Reconnaître les dons de chacun, c'est aussi combattre le mépris induit par le dévoiement du collège unique (dont la mise en place, en 1975, a coïncidé avec une période de montée du chômage, de crise économique et sociale qui a perduré). Il est évident que le collège unique n'a pas permis d'effacer les inégalités sociales en matière de réussite scolaire. Pour autant, les préjugés sont légion dès lors qu'un enfant exprime son souhait de ne pas suivre une filière générale. Les filières d'apprentissage sont considérées comme des filières d'échec ou de relégation.

Je crois pourtant qu'il faut davantage encourager les passerelles entre le monde du travail et l'école. Tout d'abord pour redonner leur juste valeur à nombre de métiers approchés dans le cadre des filières professionnelles ou technologiques. Également pour redonner une perspective dans l'apprentissage de chaque discipline en y introduisant la découverte d'un métier : par exemple, lors de cours de mathématiques, rencontrer un ingénieur aéronautique, lors d'un cours de musique ou d'arts plastiques un artiste, etc.

La valorisation des filières d'apprentissage passe aussi par de véritables passerelles avec la filière générale. Pour approcher du modèle suisse (deux lycéens sur trois se tournent vers l'apprentissage), il faut surtout revoir l'orientation des jeunes au moment du collège et davantage associer l'entreprise au parcours du jeune qui choisit cette filière. Pour cela, il faut privilégier le fléchage vers les centres de formation d'apprentis (CFA) et développer encore plus ceux-ci, plutôt que vers les lycées professionnels qui côtoient moins régulièrement le monde de l'entreprise.

Pour garantir la mixité sociale, vocable martelé sans être atteint, baignant dans l'hypocrisie la plus générale, ses plus grands chantres refusant souvent que leurs propres enfants côtoient ceux de l'école publique, il faut associer la réflexion sur la carte scolaire à celle sur la carte du logement. Le défaut de mixité sociale est un fléau qui rend inévitables les difficultés pour faire apprendre, tout comme la violence à l'école. Il n'est plus possible de mener une réforme de la carte scolaire sans la rendre indissociable d'une nouvelle politique du logement. Les élus locaux doivent enfin maîtriser l'affectation des logements sociaux en respectant une logique d'équilibre dans les quartiers pour permettre une meilleure mixité sociale, seul moyen de retrouver ensuite cette mixité à l'école.

Toujours miroir des travers de notre société qui perd de vue ce qu'est l'intérêt général, l'école croit davantage aux individualismes qu'à un collectif qui intègre les ambitions et les parcours individuels. C'est un long pèlerinage, une quête du Graal que de grandir. L'autonomie ne peut être atteinte que si elle passe par le savoir commun, l'apprentissage de notions et de savoirs fondamentaux, par la compréhension et l'acceptation de la beauté et de la nécessité de l'initiation (ce que ne semblait pas avoir compris Nicolas Sarkozy, traumatisé par *La Princesse de Clèves* sous prétexte que l'utilité d'une œuvre passe par son attraction immédiate et non par le travail pour se l'approprier). Cela va à rebours du consumérisme abrutissant de notre époque et du besoin d'immédiateté au détriment de la réflexion et de la joie de savourer la découverte. Quant aux idéologues qui vantent le droit à revendiquer chaque culture individuelle à l'école, ils devraient plutôt constater que le meilleur moyen de lutter contre les discriminations et les préjugés est de refuser les dogmes et valoriser la connaissance.

Pour redonner à l'école sa capacité à être un ascenseur républicain, il faut aussi extraire de sa sphère les problèmes de société qui ne la concernent pas et pour lesquels elle n'a ni la vocation ni les moyens pour agir. Si elle est aujourd'hui fortement entravée dans sa mission, l'école est trop souvent devenue le réceptacle des crises actuelles, crise de la cellule familiale, de la parentalité, déclin de l'autorité, du respect, violence endémique, entorses à la laïcité, incursion dans les programmes ou dans les politiques publiques du wokisme ou de ses avatars. On demande aujourd'hui aux enseignants d'éduquer et non plus d'instruire, de remplacer souvent les familles, comme on demande aux collectivités durant le temps périscolaire de répondre aux carences dont souffrent les enfants (certains enfants ne font par exemple qu'un repas dans la journée : celui de la cantine). Si l'on veut redonner une chance à l'école, il faut sortir les problèmes de société de son périmètre et renvoyer à la collectivité la gestion de ce qui ne relève pas de l'instruction mais du climat social.

Pour l'avoir pratiqué à l'échelon de ma mairie, seul l'élu local peut incarner ce rôle. Ce qui est curieux, c'est qu'alors que l'école est souvent otage des dogmes jusqu'à devenir le champ clos des idéologies dans l'ère du temps, paradoxalement, l'élu de proximité qu'est le maire se maintient à l'écart des débats politiques. Quand certains veulent déconstruire l'école, ce sont les élus locaux qui veulent la reconstruire.

La République en France s'est fondée sur l'école et ce n'est pas un hasard si l'école publique a été le second bâtiment public après la mairie, voire a partagé avec elle les mêmes locaux dans les villages qui constituaient l'immense majorité des communes de France. Et l'on ne retient guère les noms des présidents de la Troisième, en revanche, tout le monde se souvient de Jules Ferry.

L'école de la République a pour mission fondamentale d'instruire. Pour cela, il faut remettre l'élu local au cœur du système et s'appuyer sur cette figure centrale qu'est le maire dans un territoire à la jonction des problématiques de logement, de délinquance, de paupérisation. Les « faits d'établissements », mot issu du sabir technocratique pour définir les perturbations qui vont jusqu'aux actes de délinquance ou de criminalité (voir la nomenclature édictée par l'Éducation nationale), doivent être communiqués systématiquement au maire. Ce dernier doit pouvoir agir, s'il est élu dans une collectivité de plus de 5 000 habitants, ou au sein d'un Établissement public de coopération intercommunale (EPCI) regroupant des communes plus petites, en collégialité, dans le cadre d'un Conseil des droits et devoirs des familles devenu obligatoire (CDDF). Le statut de l'élu doit être revu pour que celui-ci, quoique magistrat municipal, puisse, avec les autres membres du CDDF, prendre des sanctions. J'ai déjà appliqué de pareilles mesures : ou bien l'exclusion du périscolaire, ou bien l'expulsion du logement locatif social en partenariat avec le bailleur et les services sociaux puisqu'un logement public doit entraîner l'obligation de respecter ses devoirs. Outre que ces sanctions permettent de sortir le traitement de faits sanctionnables de l'école, je crois qu'il est aussi fondamental de tout mettre en œuvre pour rendre inviolable le respect de l'autorité de l'adulte, de l'enseignant. Ceci est indissociable de la mise en œuvre de la plus stricte des disciplines ; d'ailleurs, en latin, élève se disait « discipulus ». Par ailleurs, protéger un enfant, c'est aussi lui garantir le droit de bénéficier d'un cadre, de limites, de frontières. En outre, les sanctions doivent aussi pouvoir concerner les parents, quand ceux-ci ne respectent plus la place de chacun, se comportant parfois comme des clients vis-à-vis des enseignants, ou se désintéressant ostensiblement de leurs devoirs d'éducateurs.

Le maire, ou son représentant, doit être présent dans les conseils de discipline des collèges et lycées de son territoire. Outre le cadre du CDDF, les contrats locaux de sécurité et de prévention de la délinquance et de la radicalisation (CLSPDR) peuvent aussi intégrer ces modalités lorsqu'ils existent, entraînant une décision collégiale avec ses membres (représentants de l'Éducation nationale, bailleurs sociaux, polices municipale et nationale, parquet). De la même manière, le maire doit pouvoir coordonner les politiques d'intégration des migrants à la base (accueil, scolarisation, apprentissage de la langue, liens avec la vie associative).

Outre les faits d'établissement, les directeurs, principaux et proviseurs d'établissements scolaires du primaire et du secondaire doivent automatiquement saisir le maire dans le cadre du CDDF rendu obligatoire pour les problématiques sociales qui touchent un enfant et ont un impact sur son cadre scolaire ou sur la vie de l'établissement (privation de soins, dyslexies, absentéisme, maltraitance éventuelle). Et le maire se doit d'assister les familles avec ses services et tous les partenaires pour la sécurité de tous les enfants en luttant contre tout type de violence. En dehors des questions d'ordre public, c'est lui qui doit faire vivre le projet éducatif territorial et constituer le maillon fort d'une politique éducative efficace et de proximité.

Pour que l'école permette l'égalité des chances, il faut aussi se poser la question de l'accessibilité : les inégalités ne sont pas liées à ce que l'on est à l'origine quand on est à l'école, mais à ce que l'on ne pourra pas devenir si l'on n'a pas accès au savoir faute pour tous les élèves de disposer des outils nécessaires pour s'émanciper. Or, le monde éducatif trouve parfois des mesures dilatoires, en incluant dans son enseignement des sujets de société qui n'ont rien à voir avec les savoirs fondamentaux ou en utilisant à outrance les moyens numériques pour donner l'illusion d'une égalité d'accès, alors que la fracture numérique reproduit et accentue elle-même les inégalités.

Mon propos n'est pas dirigé contre le numérique qui peut être un outil complémentaire s'il vient renforcer une pédagogie basée sur le meilleur vecteur du savoir : le questionnement et l'apprentissage. Il ne pas peut non plus venir accentuer la dépendance d'une génération au portable, contribuer à freiner le développement de l'enfant, devenu passif devant le flux d'éléments à portée de clics, incapable parfois de raisonner par lui-même, de chercher et même de goûter à la déconnexion. Faire de l'école un sanctuaire passe aussi par la protection de l'enfant contre ce monde virtuel dans lequel il baigne quotidiennement, parfois même jusque pendant les repas de famille, le portable remplaçant les discussions.

L'accessibilité induit aussi que l'on bâtisse une véritable école inclusive qui ne laisse plus une partie de ses enfants au bord de la route, que l'on accepte les différences pour en faire une richesse, en ne permettant pas l'exclusion des plus fragiles, qu'ils aient des difficultés d'apprentissage ou souffrent, à l'instar des enfants surdoués, d'une inadaptation.

Si tous les enfants ont droit à un cadre et à une instruction, il faut urgemment mettre fin aux ségrégations vis-à-vis des enfants porteurs de handicap. Le défaut de scolarisation touchant les enfants handicapés est scandaleux. Je parlais d'indignation concernant l'état de l'école et le manque d'ardeur pour bâtir un projet pour nos enfants, mais l'exclusion des enfants porteurs de handicaps me révolte. Il faut que définitivement, pour permettre leur accès à l'école (comme aux structures sportives et culturelles), le nombre d'AESH (accompagnants d'élèves en situation de handicap) soit massivement augmenté ainsi que leurs salaires. Cela commence par considérer l'AESH comme une profession légitime avec un statut comparable à celui d'un enseignant. En outre, devant la longueur de la procédure de recrutement d'un AESH par l'Éducation nationale – lequel peut prendre quatre à six semaines –, il vaut mieux confier la tâche à l'échelon communal pour une plus grande rapidité. Pour les enfants trop lourdement handicapés, les structures comme les IME (instituts médico-éducatifs) doivent aussi pouvoir les accueillir : dans la pratique, ce sont surtout les adolescents qui sont acceptés au détriment des plus petits. La Cour d'appel de Versailles a d'ailleurs condamné l'État à ce sujet, consacrant de nouveau la présomption de carence fautive de l'État en cas de manque de places disponibles en IME[1].

Mais la possibilité d'accéder au savoir passe surtout par le fait de permettre à un enfant de se sentir tiré vers le haut, de poindre vers l'excellence, garante de la dignité.

Je souhaite que notre pays, prenant exemple sur le modèle finlandais, permette que l'éducation artistique et culturelle s'envisage dès les premiers mois de la vie de l'enfant pour offrir un parcours d'éveil qui soit le premier jalon d'un parcours

1. CAA Versailles, 21 octobre 2021.

d'excellence. Comme je l'ai fait dans ma commune, pendant la scolarité de l'enfant, cet enseignement doit être dispensé par des professeurs de conservatoire et peut être appuyé par les enseignants mettant en place des actions culturelles.

Le « plan Chorale » a été un échec parce qu'il ne reposait pas sur suffisamment de professionnels de la musique. Les conservatoires doivent être développés dans l'ensemble de notre pays, dans chaque canton, pour permettre cette éducation artistique de haut niveau. Pour cela, il est urgent que l'État reprenne la main sur la construction et le financement des écoles de musique et des conservatoires. Son abandon du secteur en dit d'ailleurs long.

Les conservatoires évoluent aujourd'hui vers une double fonction : l'Éducation artistique et culturelle (EAC) et l'Enseignement artistique spécialisé (EAS). Ces écoles de l'excellence peuvent avoir une action très positive pour lutter contre les maux dont souffre notre société : manque d'empathie, violence, haine de l'autre et appauvrissement intellectuel. Pratiquer un instrument de musique, respecter son entretien, jouer à plusieurs – ce qui induit de suivre rigoureusement la mesure, la rythmique, entendre et faire attention aux autres interprètes est une école de la rigueur et de la joie de réussir à produire du beau. Cela contribue de plus à développer les capacités cognitives et sociales et favorise la réussite scolaire. C'est aussi une école de logique, la musique reposant sur des principes mathématiques reconnus dès Pythagore et était déjà louée par Platon dans *La République*.

À Taverny, j'ai mis en place des classes instrumentales et de théâtre dispensées par des professeurs du conservatoire pour les CM1/CM2 de tous les quartiers de la ville. Et cela fonctionne. Certains enfants m'ont dit, lors de la remise républicaine des instruments de musique que nous offrons pour ces deux années, qu'apprendre un instrument dont ils ne connaissaient même pas l'existence et pouvoir le ramener chez eux était une des plus grandes joies et fiertés de leur vie.

De même, il faudrait faire de la philosophie adaptée aux enfants en dernière année de maternelle, afin de les habituer au questionnement et au discernement, tout comme il faudrait travailler l'éloquence dès le plus jeune âge : c'est ce que l'on appelle depuis quelques années le travail sur le « langage oral », fort peu poussé alors qu'il s'agit du premier rempart contre les inégalités sociales mais également contre la violence, puisque l'on sait que celle-ci se déclenche aussi quand on ne sait pas exprimer ses désaccords ou ses frustrations avec des mots.

Il est d'ailleurs sidérant de voir que l'on invite des élèves du secondaire à débattre avec leurs professeurs, les situant au même niveau que celui-ci, alors même que la structuration de leur esprit n'a pu se faire convenablement au préalable, notamment s'agissant de tout ce qui permet de penser, comme la grammaire.

Notre société souffre cruellement de la faculté à interroger, à éprouver les idées au regard d'autres concepts, à ne pas se contenter de ce qui est offert en pâture dans un monde de l'hyper consommation. On connaît à ce propos le rôle désastreux des réseaux sociaux, qui, par leur usage des algorithmes, renvoient systématiquement aux mêmes idéologies, alimentent les extrêmes et ne favorisent pas l'esprit critique.

Le développement de la pensée critique est encore le meilleur moyen de lutter contre l'obscurantisme et l'ignorance pour s'élever vers un objectif de réussite qui donne un sentiment de dignité. Et l'appauvrissement culturel est un mal de plus en plus profond qui entraîne la perte d'altérité. Les prises de conscience par l'éducation au cinéma, au théâtre, à la danse, à la littérature, à la poésie sont des apports inestimables qui devraient être le corollaire de notre système éducatif et le meilleur moyen d'y réinstituer la notion d'excellence. Or, aujourd'hui, les parcours éducatifs et culturels dans le secondaire arrivent bien trop tardivement, alors qu'ils devraient viser à l'éveil et à l'émerveillement des enfants, tout en acceptant de hiérarchiser les enseignements culturels car tout ne se vaut pas.

La culture sauvera le monde. Et il est indispensable de l'associer de près à l'éducation. Nos enfants ont besoin de partager des codes communs permettant la formation de leur esprit et leur donnant les clés de l'accès à la raison sans lesquels il ne peut y avoir de construction d'un adulte éclairé. C'est là tout ce que nous leur devons. Pour pouvoir s'exprimer, il faut leur donner la maîtrise des mots ; sinon, on les condamne à un enfermement qui parfois les mène directement dans les affres de l'obscurantisme. On les prive aussi de tout ce qui permet l'ouverture à l'autre au nom d'une pseudo-ouverture à son prochain qui porte atteinte par clientélisme ou par lâcheté à la laïcité et à notre histoire.

Nicolas de Condorcet rappelait que « même sous la constitution la plus libre un peuple ignorant est toujours esclave ». Il est urgent de libérer nos enfants des chaînes de l'ignorance.

En 2027, de l'avenir de l'école dépendra l'avenir de notre République, une et indivisible.

III

La beauté en patrimoine

Consacrer un chapitre à la beauté peut suspendre de la part d'un responsable politique. Et pourtant, peut-on nier que pour une immense majorité de nos concitoyens, cette question est fondamentale ? Elle ne l'est pas seulement parce qu'elle irrigue nos sociétés depuis la plus haute Antiquité, mais aussi – mais surtout ? – parce qu'elle semble avoir déserté notre environnement quotidien, qu'il s'agisse de la défense de notre patrimoine, de l'urbanisme, des logements, du sort réservé aux périphéries de nos villes, de la manière dont on revisite notre héritage culturel... Nous gagnerions beaucoup à considérer la beauté comme une idée neuve.

Certes définir le beau n'est pas chose aisée et peut paraître présomptueux et subjectif. Au-delà des sensations que le beau nous procure, il aide l'homme à se tenir debout et à se sentir digne. C'est pourquoi tous les philosophes et les artistes se sont attachés à le définir. Les interrogations qu'ils ont provoquées ont profondément modifié les sociétés dans lesquelles ils s'inscrivaient. « Des brouillards ont pu exister pendant des siècles à Londres. J'ose même dire qu'il y en eut. Mais personne ne les a vus et, ainsi, nous ne savons rien d'eux. Ils n'existèrent qu'au jour où l'art les inventa », écrivait Oscar Wilde. Les historiens de l'art s'accordent à dire que lorsque la perspective a été introduite dans l'art au *quattrocento*, l'humain s'est retrouvé au cœur du projet politique.

Pourrait-on dire aujourd'hui que nos sociétés sont en partie le produit d'un projet esthétique ? En effet, qu'en est-il de la beauté de la nature, de la beauté de la culture, de l'art et de la science ? Avant d'être relativisé, le beau est souvent étiqueté, morcelé, catalogué, corseté. On peut ainsi discuter sans fin de l'art pour l'art, l'art social, du classicisme de l'art bourgeois, du pop art et du kitsch. Le Moyen Âge avait coutume de révéler la beauté à travers l'emploi de la lumière et des couleurs. Ceci se retrouve même chez des théologiens comme saint Thomas. Un historien comme Michel Pastoureau a pu, à juste titre, souligner l'importance de l'utilisation codifiée du rouge, du bleu ou du jaune, cette dernière couleur endossant au fil des siècles le manteau du paria ; aujourd'hui il est plus facile de constater que les couleurs se sont effacées, au profit d'une variation hésitant entre un beige grisâtre et un gris beigeasse qui servent de triste orientement à notre environnement.

Cette remarque ne vaut pas seulement pour l'art, c'est aussi à travers la conception mathématique du beau, présente déjà chez Platon, qui se traduit dans la peinture de la Renaissance notamment chez Léonard de Vinci jusque dans l'architecture particulièrement chez Palladio que l'on arrive au principe de proportion parfaite qui sera le fondement de l'urbanisme sur plusieurs siècles.

La démocratie et le socialisme ont produit plutôt des architectures *low cost*, sordides et aliénantes, dont la monotonie nous rappelle sans cesse celle de nos vies, absurdes et tragiques. Ainsi, les banlieues de Moscou ressemblent à celles des municipalités un temps dirigées par les élus communistes avec leurs barres d'habitation, et le quartier ZEN de Palerme aux Pyramides d'Évry.

Pourquoi le beau nous importe-t-il autant ? En a-t-on à ce point besoin ? La France que je connais est incroyablement belle dans la diversité de ses lumières, de ses paysages et de ses édifices. Pourtant, depuis quelques décennies, il y a eu ceux qui, par idéologie, ont organisé son saccage. Que cherchaient ceux qui se sont méthodiquement employés à la défigurer ? Voulaient-ils déraciner la personne pour édifier leur terrifiant « homme nouveau » ? Comment osent-ils parfois s'étonner de l'échec de l'assimilation ?

Les dirigeants de notre pays et d'une partie de nos collectivités ont mené deux politiques aux effets socialement catastrophiques : l'indifférence quasi revendiquée au souci de l'esthétisme, avec un rejet parfois dogmatique de ce qui incarnait notre patrimoine ancien d'une part, et de l'autre l'utilité et la fonctionnalité comme unique feuille de route dans la politique de l'urbanisme. Ce fourvoiement est d'autant plus détestable qu'il n'a été possible que parce que toute une partie de nos édiles ont démissionné, par lâcheté, par lassitude, par incompréhension des enjeux, parce que peu importe.

Le patrimoine culturel doit s'entendre de façon large. Il ne peut pas se réduire à nos églises et nos châteaux. Il est avant tout ce qui permet à une collectivité de s'inscrire dans une longue histoire, de répondre au vertige de l'identitarisme pour trouver une identité bien réelle à travers l'enracinement. Pour autant, il existe un rejet de ce patrimoine historique par une partie des idéologues de gauche dont l'hégémonie parvient à troubler une ancienne ministre de la Culture dite de droite. Haro sur la pierre pour peu qu'il s'agisse d'une demeure aristocratique, lieu de culte catholique, bref d'un héritage de ce qu'ils appellent l'Ancien Régime. Depuis François Furet, nous savons que la Révolution française a connu deux périodes, et deux incarnations. L'une libératrice et girondine, l'autre tyrannique et centralisatrice, s'attachant à détruire toute trace de culture rappelant les temps anciens. La France demeure profondément divisée entre ces deux visions. Cela se traduit aussi dans notre rapport au patrimoine et à sa préservation. Il y a d'un côté ceux qui préféreraient l'abandon ou la destruction de tout un pan de notre héritage, ignorant ou feignant d'ignorer que l'histoire de l'art est faite de constants oublis et redécouvertes, et de l'autre ceux qui estiment qu'il ne faudrait mépriser aucun héritage artistique même s'il faut en permanence le revisiter.

Qui niera que la part budgétaire de l'État consacré au patrimoine est bien trop faible ? Sur un budget annuel qui tourne autour d'un milliard d'euros pour le patrimoine, seuls quelque 200 millions sont dévolus à tout le patrimoine des collectivités locales et des particuliers ! Au lieu de soutenir correctement l'effort des collectivités locales, au lieu de travailler avec elles à imaginer des solutions nouvelles, l'État maintient son engagement, année après année, à un niveau indigent, jusque dans la gestion de ses ressources humaines. Cette faiblesse pèse lourd dans la difficulté des communes à entretenir notamment les lieux de culte qui leur ont été confiés, et maints autres monuments qui contribuent à leur identité et à la fierté de maintenir un héritage commun.

L'occasion m'est donnée ici de souligner tout ce que la présidente de région Valérie Pécresse a initié lorsqu'elle a triplé le budget du patrimoine, le portant à 15 millions d'euros par an. Surtout, ce très bel outil qu'est le label patrimoine d'intérêt régional a été créé : il vient reconnaître l'importance essentielle du point de vue de l'histoire locale de sites non protégés, ouvrant droit à des aides régionales. Nous avons ainsi permis de labéliser 200 lieux de toute nature appartenant à diverses époques historiques, dont nombre de lieux de culte de toutes les religions. Cette initiative régionale devrait être celle d'un État accompagnant enfin les territoires et ancrant davantage ces populations dans une histoire collective. Se mouvoir dans l'espace et le temps, dans l'histoire et la géographie demeure le meilleur moyen d'acquérir les indispensables repères pour aborder le monde actuel si chaotique et menaçant.

Cela, Emmanuel Macron aurait pu le comprendre au vu de ses lectures. Mais son absence de vision en matière culturelle et patrimoniale a précipité la négation de notre héritage, dans une période où, encore une fois, nos concitoyens souffrent du caractère déracinant d'une société mondialisée. Cette absence d'intérêt est le produit d'une seule culture, celle du mépris. Mépris douloureusement ressenti par les habitants et élus de nos communes rurales, pour qui l'attachement à leurs édifices patrimoniaux est parfois le seul lien social qui leur reste.

La politique d'urbanisme dans les années 1950 reposait sur l'urgence de construire, notamment en raison du baby-boom, pour décompresser les centres-villes en concentrant l'effort sur leurs périphéries pour faire face à l'afflux de nouvelles populations, en répondant à l'attente de tous ceux qui souhaitaient une habitation plus conforme aux standards de la vie moderne. L'État s'est engagé dans la construction de grands ensembles et de villes nouvelles. Mais cette politique volontariste, pourtant fondée sur une technicité et une implication forte d'un État aménageur public, s'est bien gardée de définir ce que doit être une ville nouvelle et comment pouvaient évoluer les grands ensembles ainsi érigés.

Le fait de privilégier la fonctionnalité au détriment d'une esthétique de ces espaces a naturellement dévalorisé le marché de l'habitat. Car la laideur aussi est idéologique. On a voulu que dans une même barre d'immeubles, tout soit accessible, services, logement, comme si les habitants d'un quartier populaire ne pouvaient pas se déplacer pour accéder à ces services. Ce choix urbain a eu pour effet de contribuer à empêcher l'émancipation de ses habitants et à ghettoïser.

Il faut aussi rappeler le contexte dans lequel ont émergé les habitats des anciens bastions communistes. À l'époque, l'habitat social était conçu comme une « conquête sociale de la classe ouvrière ». Les premiers habitants de ces ensembles abandonnaient des habitations vétustes, insalubres, pour de nouveaux logements dont ils ne pouvaient qu'apprécier la modernité. Aujourd'hui, on ne peut qu'être heurté quand on voit, par exemple, ce qu'est devenue Argenteuil, ville du Val-d'Oise traversée par la Seine et que peignaient les impressionnistes. Avec ses barres d'appartements uniformes et son centre-ville défiguré, la ville est comme figée dans le passé. Nous devons rendre hommage aux élus qui ont succédé à des décennies de gestion communiste et qui se battent à l'heure actuelle pour redonner une âme à leurs cités.

L'uniformité architecturale et esthétique, dans un environnement essentiellement minéral, est bien le miroir de l'uniformité sociologique de quartiers entiers de nos banlieues. Ce qui est intéressant, c'est de voir qu'aujourd'hui on aboutit à l'inverse de ce que vécurent les premiers habitants des grands ensembles auxquels on a vendu le progrès, le vivre ensemble et l'utopie. L'immense majorité d'entre eux est partie, désertant ces lieux sans joie et sans âme.

Les premiers habitants des grandes constructions des années 1960 ont pu accéder à la propriété. Ce qui ne sera pas le cas des nouvelles populations qui s'y installeront par la suite, très majoritairement étrangères et beaucoup plus pauvres, qui se trouveront ainsi assignées à résidence. Avec ces dernières, le logement collectif n'est plus un outil d'ascension sociale : l'absence de mixité par les revenus ou les origines, le déracinement douloureux vécu par ces habitants immigrés souvent venus du Maghreb montrent combien ces immeubles ont été mal construits, mal conçus et mal entretenus. Avec le regroupement familial, on a fait venir en France des villages entiers qu'on a réinstallés dans des tours, substituant ainsi aux villages horizontaux des tentatives de villages verticaux. Ajoutons à ce tableau qu'il n'y a pas toujours eu la volonté d'installer des commerces de qualité à proximité. Ces logements se sont trouvés à des kilomètres des lieux de travail, parfois loin de tout transport public, avec pour conséquence le renforcement durable de la ségrégation sociale par rapport à d'autres quartiers ou villes.

Cette misère urbaine a conduit à une prise de conscience des plus jeunes, ceux de la troisième génération. Au-delà de l'exaspération légitime que nous pouvons parfois ressentir face à certains qui n'acceptent pas toujours d'être français, on peut, tout aussi légitimement, se demander quelle fierté ils ressentent lorsqu'ils regardent le parcours de leurs grands-parents et l'environnement dans lequel ils finiront leur vie. Lorsque leurs aînés sont venus travailler, leur arrivée a malheureusement été concomitante des chocs pétroliers de 1973 et 1979 et des débuts de la montée du chômage.

La politique de la ville de ces trente dernières années est l'inverse de celle qui aurait dû être menée. La considération qui peut être portée à des personnes passe par le souci de les voir vivre dans un cadre de vie harmonieux, préoccupation qui ne fut pas celle des pouvoirs publics accueillant les populations immigrées des années 1970. Au lieu de quoi on a préféré s'enfermer dans un recours permanent et pavlovien à la contrition, réparation en réalité qui ne dit pas son nom et qui a fini par être l'alpha et l'oméga de toute « politique de la ville ».

Le droit au logement opposable, autre symptôme de cette conscience tardive, a plus tard semé la confusion entre le logement social et le logement d'urgence. En effet, depuis la loi relative à l'égalité et à la citoyenneté du 27 janvier 2017, puis la loi ELAN (loi portant évolution du logement, de l'aménagement et du numérique) du 23 novembre 2018, des cotations pour l'attribution des logements sociaux doivent être respectées par les établissements publics de coopération intercommunale. Parmi ces critères de cotation, obtiennent le plus de points pour se voir attribuer un logement social les bénéficiaires du DALO (droit au logement opposable) plutôt que les travailleurs des petites et moyennes classes. On a sciemment confondu le logement social pour travailleur au logement social d'urgence. On a ainsi continué de paupériser les classes moyennes tout en assignant à résidence des populations qui ne pouvaient bénéficier de l'ascenseur social.

Il est en effet sidérant de voir que le logement social est devenu un logement social à vie. Quand des individus pourrissent la vie du quartier et qu'ils sont en logement social, il est très difficile de rompre le bail. Je le sais pour l'avoir pratiqué dans ma commune. Il est révoltant de voir que ces politiques absurdes sont brandies au nom d'une justice sociale dévoyée : comme si les moins riches devaient subir la violence, l'insécurité et les trafics et comme si être pauvre signifiait être délinquant. La perception des devoirs et de la nécessité de s'assumer, de construire sa vie, n'est pas la même quand on considère qu'un logement est un dû et lorsque l'on comprend que son appartement octroyé par la collectivité ne l'est qu'à titre transitoire.

Je fais partie des rares maires qui sont fiers de construire du logement social. Mais en privilégiant l'accession à la propriété et en créant des habitats à forte exigence esthétique tout en rappelant que ce n'est là qu'une étape. Je me rappelle une discussion dans un repas de maison de quartier où une habitante me reprochait, alors qu'elle bénéficiait déjà d'un logement social, de ne pas lui trouver un F4 alors qu'elle était enceinte. Je lui faisais remarquer que la commune lui avait déjà attribué un F3. À cela, elle me répondit qu'elle avait eu entretemps deux autres enfants. Je lui indiquais qu'il y avait de l'attente, qu'elle le savait et lui demandais pourquoi elle s'était projetée dans l'agrandissement de sa famille sans en avoir les moyens. Elle me rétorqua du tac au tac : « Parce qu'en France c'est mon droit ! » De son point de vue, elle n'avait pas totalement tort, puisque le système fonctionne ainsi. Mais cette déconnexion avec le réel n'aide pas la société, elle n'aide pas des personnes comme cette habitante à pouvoir assumer leur mode de vie, si beau et légitime soit-il, ni non plus à se projeter vers une voie émancipatrice.

Par ailleurs, l'absence de mixité sociale et d'émancipation des personnes vivant dans les quartiers dits « prioritaires » a pour conséquence dramatique l'impossibilité d'instituer la mixité à l'école et d'accroître les inégalités. Dans la réalité, tous ces politiques qui claironnent leur engagement en faveur de l'égalité débouchent sur des résultats proprement iniques. Ils défendent une société qui refuse de grandir, car le fait d'avoir accès à la propriété oblige à construire sa vie, anticiper, supporter les devoirs et les charges liés à cette chance de détenir un patrimoine.

La laideur accentue les fractures sociales quand seule la tranche la plus aisée de notre population peut s'offrir des logements agréables et beaux, quand les plus modestes ne peuvent avoir accès qu'à des bâtiments où même les architectes qui les conçoivent ne souhaiteraient pas résider. À l'inverse, un bel habitat peut provoquer une réaction d'appropriation des habitants d'un quartier, l'envie de revendiquer au-delà même du périmètre d'habitation le fait de résider dans le quartier. Pour donner l'espoir d'une vie digne et meilleure, c'est un virage à 360 degrés qu'il faut prendre en matière de logement.

Cela commence par l'abandon de la loi SRU et la création d'un vrai parcours résidentiel, notamment en favorisant les logements locatifs intermédiaires (LLI) et tous les outils permettant l'accession à la propriété et donc à un patrimoine. Il faut mettre fin au logement social à vie, en remettant en question le bail comme dans le privé, en le limitant dans le temps et en le distinguant du logement d'urgence qui, lui, doit être infiniment plus développé et digne.

Arrêtons, ensuite, d'opposer écologie et logement car s'il faut en effet limiter l'artificialisation des sols, il ne faut pas perdre de vue que construire et bâtir s'inscrivent pleinement dans ce qui constitue la condition humaine. On peut tout à fait concevoir un habitat écologique décarboné, tout en portant une politique volontariste de construction.

Le logement est plus que du logement. Quand on définit le nombre d'habitations nécessaires, on ne doit jamais perdre de vue ce qui est essentiel à la sauvegarde du lien social, par exemple lorsqu'il s'agit de maintenir nos parents dans un logement digne et adapté. Les mouroirs que sont parfois les EHPAD, le sentiment d'extrême solitude et d'abandon de ceux qui sont arrachés à un foyer devraient tous nous indigner. L'égoïsme dont nous faisons preuve à l'égard de nos aînés est une manifestation de la laideur de l'âme. À quand une politique de l'habitat pour une fin de vie respectueuse de chacun ? À quand une politique de l'habitat pour nos adultes handicapés afin qu'ils puissent aussi se sentir chez eux et non parqués quand ils ne sont pas exilés à l'étranger ? Quelle inhumanité ! À quand une politique du logement qui cesse d'infantiliser les personnes et qui puisse permettre leur émancipation ?

Enfin, il faut mettre fin à cette pathologie politique et sociale propre au siècle précédent : l'opposition entre une prescription esthétique venue d'en haut, ce qui relèverait du geste architectural, et ce que serait censé aimer le peuple dont on caricature si souvent les désirs. La beauté de la France est en réalité le résultat indissociable des deux.

Pour ceux qui sont attachés à un idéal esthétique, entrer trop souvent dans les périphéries qui entourent nos villes constitue une agression. On a l'impression que l'on s'est disputé ici un protocole de la laideur. Même des communes de taille modeste ont été piquées par la tarentule de l'urbanisme moche, non fonctionnel et arbitraire. Cela s'explique par divers facteurs. Il était ainsi plus facile dans des communes plus petites d'obtenir des dérogations pour construire, par manque de foncier disponible ou en raison de plans locaux d'urbanisme plus sévères. Par ailleurs les plans d'occupation des sols qui précédèrent les plans locaux d'urbanisme (PLU) n'existaient pas dans les petites communes rurales entourant la ville centre. De plus, le fait que les terrains aient une valeur marchande beaucoup plus faible voire ridicule a favorisé la spéculation immobilière. On a également trop souvent permis la transformation des zones inconstructibles en zones d'équipements, laissant fleurir les supermarchés. Sans oublier ce mal français qu'est cet amour immodéré des ronds-points.

Il faudrait restaurer les concours d'architecte avec dans les jurys des spécialistes du patrimoine, des philosophes, des historiens, des paysagistes et des artistes, bref tous ceux qui concourent à la beauté du monde. Il faudrait rendre incontournables les règles d'urbanisme, notamment lorsqu'il s'agit de l'implantation des antennes relais ou des éoliennes. Il faudrait restaurer la DATAR (Délégation interministérielle à l'aménagement du territoire et à l'attractivité régionale), rendue inopérante car coincée entre le pouvoir d'aménagement des collectivités et celui de l'Europe, ce qui serait plus utile qu'un commissariat dont l'utilité n'est autre que d'assurer un abri politique à François Bayrou. Il faut aussi revoir la gestion de la propreté et des chantiers. Non, cette idée n'est pas, comme l'a trop souvent dit l'équipe municipale parisienne, une notion bourgeoise. La dégradation permanente qui semble ici érigée en doxa pointée à juste titre par le mouvement « Saccage Paris » ; ce goût très prononcé pour le mauvais goût proclamé par l'Hôtel de ville ; cet effacement programmé d'un patrimoine dont l'héritage est refusé : cela demeurera dans l'histoire des capitales européennes comme une œuvre de destruction massive en temps de paix. Parmi les armes employées par Madame Hidalgo pour satisfaire sa phobie du beau : les chantiers. Ces derniers ont fleuri à Paris à une cadence démente participant à la défiguration de la capitale. Dans la capitale, on ne fait pas des travaux, on fait des chantiers. Face à ce type d'édiles, il est urgent de se doter des moyens efficaces pour mieux assujettir les concessionnaires de service public à des durées fermes et définitives.

La beauté devrait être un engagement citoyen, incluse dans l'éducation de nos enfants et dans leur développement civique. Mais comment incarner une beauté politique, en ayant une approche esthétique de bon sens ? La beauté est un idéal et ne peut en aucun cas servir d'alibi à une vision totalitaire comme celle qui fut développée par les régimes nazi et stalinien. Doit-on, comme l'écrit le philosophe Hume dans ses *Essais esthétiques*, considérer qu'« un homme qui n'a eu aucune possibilité de comparer les différentes sortes de beauté n'a absolument aucune qualification pour donner son opinion sur un objet qui lui est présenté » ? Je ne le crois pas. Je pense au contraire que ce constat de Hume est un aveu d'échec : il n'est pas besoin d'être bardé de diplômes pour accéder à une sensibilité artistique. En revanche, une démocratie digne de ce nom ne peut pas faire l'impasse sur l'éveil de ses concitoyens à la beauté – ce que comprirent parfaitement l'Athènes de Périclès ou la Florence des Médicis.

Dans la *Crise de la culture*, Hannah Arendt souligne justement combien la culture populaire est riche de sensibilité, d'innovation et d'éveil. Le problème est que cette dernière a été supplantée par la culture de masse.

La responsabilité de nos élites est considérable. Pour reconstruire une esthétique, il faut une élite qui tire vers le haut, qui n'est pas l'élite administrative de ces dernières décennies, laquelle a abandonné sa vocation d'intérêt général à dire le beau pour s'ébrouer dans un consumérisme confortable et égotique. Il est extrêmement révélateur que, pendant plus de trente ans, l'ouvrage de Jacques Rigaud, *La culture pour vivre*, écrit en 1975, leur ait servi de seul bréviaire.

Au-delà d'un travail de reconstruction, il faut s'atteler à un travail de rébellion en assumant une rupture avec l'ordre culturel établi. Réveillons la société, poussons-la vers un élan collectif en n'ayant pas peur d'avoir pour slogan : « Vive le beau ! »

Certains qui sont revenus de tout pour arriver nulle part me rétorqueront que ce mot d'ordre est sans danger. Ils se trompent, et lourdement, tant il est vrai que les idéaux esthétiques vont à l'encontre de la tendance actuelle au relativisme culturel qui considère que tout se vaut. La reddition devant la facilité plutôt que la lutte permanente pour l'excellence et l'idéal ne peut permettre à une nation de se relever et de retrouver sa fierté.

Encore une fois, la cité idéale ne peut reposer uniquement sur des considérations matérielles. Sans doute est-ce le moyen de ne pas renouer avec les cauchemars du siècle précédent. Le XXIe siècle sera esthétique ou ne sera pas.

IV

De la décadence au recouvrement de notre puissance

La France est aujourd'hui officiellement la septième puissance économique mondiale. Elle a été rétrogradée de deux places au classement en seulement cinq ans. Ce lent déclin, qui se conjugue avec le déficit croissant de sa balance commerciale, l'explosion de sa dette, sa désindustrialisation, vient bousculer nos illusions en termes d'influence et de puissance à l'échelle mondiale. En quête de crédibilité, notre pays doit pouvoir s'appuyer sur une économie dynamique s'appuyant sur des fondamentaux solides. Car si toute forme de puissance repose sur le Produit intérieur brut (PIB), le niveau d'endettement en est l'évident corollaire. Depuis plusieurs décennies, les débats sur la nécessité ou non de purger notre dette abyssale scandent le débat public. Pour autant, les majorités alternent et la dette continue de croître.

Ce n'est pas comme un dogme incompréhensible que doit être abordée la question de la dette, c'est bien plutôt au regard de notre autonomie qu'elle doit être considérée. En effet, depuis que

François Fillon avait déclaré l'État en faillite en 2010, les Français, déjà biberonnés au « travailler moins » depuis les années 1980, ont vu la dette continuer à se creuser et l'augmentation des déficits se poursuivre jusqu'au récent refrain du « quoi qu'il en coûte ». Comment pourraient-ils être sincèrement sensibles au danger de l'endettement angoissant de notre pays ?

L'absence de ligne claire de nos gouvernants, droite et gauche confondues – de l'Europe, également, car les 60 % du PIB de dette autorisés par le traité Maastricht ne correspondent à rien de scientifique –, n'a pas aidé à éduquer nos concitoyens, héritiers de la société de consommation, à la nécessité de revoir notre façon de vivre. Comment donc parler de la dette en France ? Comment être audible et percutant ?

Tout d'abord en rappelant que si la dette est détenue par des pays étrangers – qu'ils soient exportateurs de matières premières, comme les pays du Golfe, ou de produits finis, comme la Chine –, cela pose la question de la souveraineté économique et politique du pays endetté. La nature de la dette est aussi un élément à prendre en compte. Prenons l'exemple des États-Unis, nation puissante mais considérablement endettée

(120 % du PIB) : si le chiffre est important, pour autant, non seulement la dette américaine est « attractive » avec de nombreux acheteurs potentiels, mais de plus, c'est la réserve fédérale qui détermine la quantité de dollars en circulation. On est bien loin de l'utilisation de la monnaie comme outil stratégique avec l'euro. La France, de son côté, cumule le niveau record de sa dette avec sa dépendance aux agences de notation et aux grands investisseurs internationaux. Le point critique sera atteint lorsque plus personne ne voudra acheter la dette française et que l'on ne pourra plus financer les investissements essentiels que sont par exemple nos écoles et hôpitaux. À la question de la réduction de notre dette s'ajoutent également celles de sa soutenabilité et de l'utilisation des sommes empruntées.

Dans la mondialisation, les pays développés qui se portent le mieux sont ceux qui investissent en recherche et en capital humain, deux ingrédients qui augmentent sensiblement la productivité. Dans un cas comme celui-là, la dépense publique est légitime en permettant d'effectuer les nécessaires investissements en infrastructures et en capital humain (notamment dans les domaines de l'éducation, de la culture et de la santé). Certains pourraient toujours défendre une plus forte privatisation des hôpitaux et des écoles, mais cela augmenterait les inégalités sociales et réduirait l'espérance de vie – en comparaison, en 2015, l'espérance de vie aux États-Unis était de 78,9 ans contre 79,2 à Cuba et elle a chuté à 76,1 en 2022. Les dépenses publiques doivent donc financer les infrastructures productives, notamment les biens publics dont les externalités profitent à tous. Mais cela induit des choix. Car les dépenses publiques sont souvent peu efficaces du fait de la faiblesse des incitations à la productivité. Prenons l'exemple de l'université française où la productivité scientifique n'est pas suffisamment reconnue, notamment en termes financiers, en raison notamment des saupoudrages et des rentes de réseaux, y compris syndicales. Une situation qui contribue à un nivellement par le bas de la qualité des enseignements et à la fuite des cerveaux.

Il faudrait augmenter la part du PIB consacrée à la recherche et développement (2,2 % en France contre 3,4 aux États-Unis), tout en concentrant les moyens sur les actifs à plus fort retour scientifique (le Royaume-Uni fait bien mieux que la France en la matière). Il faut continuer de réformer l'université en profondeur, en allant encore plus loin que la première grande réforme initiée par Valérie Pécresse, en créant de vraies universités de recherche sélectives et attractives. Car si la réforme de l'autonomie des universités facilitait les liens avec l'entreprise – à travers les contrats CIFRE (Convention industrielle de formation pour la recherche), par exemple –, elle n'a pas produit dans la durée les effets de transformation qu'on pouvait espérer. Les investissements d'avenir ont renoué avec le saupoudrage, les Idex (initiatives d'excellence) étant doublées par de petits programmes pour servir plus de monde. Le suivi des projets n'a pas été assuré avec suffisamment de rigueur. La bureaucratie universitaire, ministérielle et évaluative, a repris ses habitudes.

Par ailleurs, personne n'a assumé de renverser la tendance en privilégiant les disciplines scientifiques et technologiques par rapport aux humanités et aux sciences sociales. Il ne s'agit pas de hiérarchiser, je suis d'ailleurs pour ma part un pur produit des sciences humaines. Mais a-t-on besoin d'écoles d'économie lourdement subventionnées pour produire toujours les mêmes critiques de l'économie réelle et toujours les mêmes préconisations de redistribution ? A-t-on besoin d'écoles d'architecture, telles qu'elles sont conçues aujourd'hui, où on pousse chaque élève à se prendre pour un artiste, alors qu'il sera dépendant des bureaux d'études et des logiciels, pendant que les facultés d'architecture des universités allemandes forment des architectes ingénieurs passant leurs premières années d'études à dessiner sans ordinateur ?

En outre, l'espèce de primat exercé en France par Sciences Po et les autres Instituts d'études politiques (IEP) pourtant gangrenés par le wokisme est un symptôme d'un enseignement supérieur déconnecté de la production et de l'innovation et retombé dans les travers hérités de Mai 68. Si on veut investir dans l'humain et le savoir, il faut reprendre la transformation de l'enseignement supérieur et de la recherche en approfondissant ses liens avec l'entreprise et le monde réel.

Il nous faut également de grands projets européens, à condition de se débarrasser des lourdeurs bureaucratiques européennes qui profitent à une élite de rentiers. Il faut aussi assumer un interventionnisme européen pour soutenir et faire émerger de nouvelles industries de pointe. Dans son livre *The Entrepreneurial State : debunking public vs. private sector myths*, l'économiste Mariana Mazzucato a montré que les grandes boîtes de la tech sont nées de subventions venant du gouvernement fédéral américain et de la CIA, les États-Unis usant clairement de l'interventionnisme comme d'un outil de puissance. Libéraux, mais pas trop !

Or, il n'y a pas trente-six façons de financer la dépense publique. Taxes, monnaie et dette sont les trois leviers essentiels. Toute la question est de savoir lequel on privilégie – si tant est qu'il faille en choisir un, leur cumul peut être justifié par une certaine conjoncture. Surtout, ne doit-on pas dépasser l'appréciation technocratique de ces outils économiques et financiers pour leur rendre leur destination politique et stratégique ?

S'agissant des taxes, la difficulté tient à leur coût politique et au sentiment d'inefficacité qui leur est lié. En effet, plus les prélèvements augmentent dans notre pays, plus les services publics se dégradent. Le lien de cause à effet n'est pas ontologique mais tient largement à l'accroissement de la bureaucratie dans notre pays. Nos compatriotes ne voient pas où vont concrètement leurs impôts. Même au niveau local, la gratuité des prestations a été mise à mal par la suppression brutale de la taxe d'habitation, faisant des propriétaires les uniques contributeurs financiers au financement des services municipaux. De plus, pour une meilleure efficacité des services, il est essentiel que les collectivités locales gagnent en autonomie. Or, les gouvernements ont successivement supprimé les principaux impôts locaux : taxe professionnelle, taxe d'habitation. Le principe constitutionnel d'autonomie des collectivités locales demeure un vœu pieux, l'article 72 de la Constitution n'interdisant pas à l'État de priver méthodiquement les collectivités de leurs subsides. On ne compte plus les partis de gouvernement qui, par la voix de leurs parlementaires, appellent à une réforme de la Constitution et qui ne font rien une fois aux manettes. Le Sénat devrait être le meilleur garant de cette autonomie. En ayant le dernier mot sur les projets et propositions de loi ayant trait aux finances locales, la chambre haute remplirait sa fonction de représentante des territoires.

L'autre levier pour financer la dépense publique est l'augmentation de la masse monétaire. Celle-ci étant décidée par la banque centrale européenne, elle échappe aux gouvernements nationaux. Elle peut produire de l'inflation qui se traduit par une taxe inflationniste cachée et injuste aboutissant à la réduction du pouvoir d'achat. La dette, quant à elle, doit être remboursée tôt ou tard, ce qui implique de nouvelles taxes et levées d'impôts.

Enfin, on peut s'employer à réduire la dépense publique, ce qui à mon sens relève de l'éthique la plus évidente et la plus élémentaire au regard de ce que l'on transmet aux générations futures, mais en tenant compte de plusieurs paramètres : tout d'abord, certains domaines manquent cruellement d'investissements – pensons à la situation de l'hôpital. De plus, la limitation de certaines dépenses liées au clientélisme ou à l'abus frauduleux de prestations sociales, pour évoquer ce qui revient souvent dans le débat public, n'est pas suffisante pour réduire une dette abyssale. Cela n'exempte pas de s'y attaquer, ne serait-ce que pour assumer clairement que la politique se fonde sur la morale et l'éthique, y compris sur le plan financier. Il est également urgent de redimensionner l'État afin qu'il s'attelle à ses missions essentielles plutôt que de s'éparpiller dans des tâches qu'il échoue finalement à assumer. Il faut surtout laisser l'argent à ceux qui le géreront de la manière la plus efficace plutôt que de laisser l'État faire pression sur les collectivités territoriales pour tenter de redistribuer au maximum : en réalité, la redistribution est inéquitable et prive les territoires de leur capacité à mieux gérer par la proximité les services publics essentiels.

Si on appartient à une droite plus libérale que sociale, on préférera la dépense publique en infrastructures (civiles ou militaires notamment) susceptible de stimuler la croissance économique propice à une redistribution des riches vers les pauvres, qui réduit les inégalités sociales mais affaiblit aussi les incitations à la productivité. La gauche dira que la redistribution et les dépenses publiques destinées à augmenter la consommation ont le même effet. Il ne faut pas opposer une politique de l'offre à une politique de la demande sans tenir compte des conjonctures particulières. Les politiques keynésiennes étaient efficaces pendant les Trente Glorieuses, elles l'étaient moins après la stagflation des années 1970. Par conséquent, je ne pense pas qu'il faille renoncer à la dépense publique : mais il convient de mieux l'orienter, de lui donner du sens, de lutter contre le clientélisme, le surcroît de bureaucratie et le gaspillage. Nous avons le devoir impérieux d'éviter aujourd'hui le piège d'une dette détenue par des puissances étrangères en orientant les ressources disponibles vers la production plutôt que vers la consommation, tout en faisant de l'augmentation de la productivité une priorité. Par ailleurs, de nombreux domaines appellent une solution à l'échelle européenne en raison de l'importance des dépenses qui leur sont liées. C'est le cas, bien sûr, de la transition écologique : pour peser au niveau mondial et convaincre les États-Unis et la Chine, pour associer également l'ensemble des peuples d'Europe à des choix politiques plutôt que de faire reposer l'effort sur certains seulement.

La puissance, c'est l'indépendance face aux influences extérieures, aux déstabilisations, c'est l'ordre intérieur. L'indépendance c'est croire dans le mot « France » à l'heure de la mondialisation. Si l'on veut définir notre indépendance, il faut savoir répondre aux contempteurs de la notion qui ne manquent jamais de se réfugier dans la critique habituelle consistant à associer souveraineté et isolationnisme. Ce serait vrai si l'on contingentait l'indépendance à des questions économiques, ou si on l'opposait à une politique et des choix d'alliance avec d'autres nations. Être indépendant, c'est avant tout préserver ce que l'on est dans la mondialisation et sauvegarder sa force. Il est impératif de renforcer notre autonomie dans des secteurs clés : citons l'exemple du nucléaire, atout d'indépendance et de puissance depuis le Général de Gaulle, totalement gâché et gaspillé par suite des reniements de François Hollande ou d'Emmanuel Macron – lequel s'est finalement ravisé –, au moment où la France semblait découvrir qu'elle était dépendante sur le plan énergétique.

L'État est impuissant parce qu'on le rend impuissant. Dans tous les domaines, son rôle premier est nié. Au lieu de reconnaître sa nature indispensablement répressive, s'agissant par exemple de la lutte contre la délinquance, on pratique la politique du pansement, on s'attaque superficiellement aux abus.

Pour que l'État soit craint, il doit justement pouvoir s'appuyer sur ce qui a dans le passé distingué la France : la qualité de ses serviteurs. Or, Emmanuel Macron s'est sur ce plan révélé l'homme de la déconstruction. Dans une période propice à vouer les élites au bûcher, le Président de la République s'est ingénié non pas à débureaucratiser mais à éliminer des corps d'État d'excellence, et ce, dans un silence assourdissant. Cherchant à répondre à la colère populaire contre les corporatismes, le Président a dégainé sa réforme de la haute fonction publique, avec comme mesure principale le regroupement en un seul corps d'une grande partie des plus hauts cadres et fonctionnaires de l'État, préfets et diplomates en tête. Dans le climat de lâcheté généralisée qui est le nôtre, les principaux leaders politiques n'ont pas voulu courir le risque, dans un contexte post-Gilets jaunes, au moment où l'énarchie suscite l'aversion de l'opinion publique, de défendre le corps préfectoral ou diplomatique. Pourtant, à l'heure des bouleversements de l'ordre international, des incertitudes liées à la guerre en Ukraine, de la déstabilisation des positions françaises dans le monde, il n'était nul besoin d'ouvrir les fonctions diplomatiques au profit des « talents du service public » (*sic*). Il aurait été en revanche bien plus judicieux de mettre fin à la réduction des emplois et à la baisse des moyens de notre diplomatie, notamment quand de grandes puissances comme la Chine empruntent le chemin inverse. L'abolition officielle du recrutement au mérite et par spécialisation est non seulement la voie royale offerte au développement du clientélisme, mais c'est aussi faire courir à notre diplomatie le risque de l'amateurisme.

Concernant le corps préfectoral, certaines des récentes nominations témoignent de l'attitude décomplexée du pouvoir en place, lequel n'hésite pas à nommer des personnes inexpérimentées issues de la société civile ou des gens issus du monde politique afin de poursuivre le débauchage macronien jusque dans les préfectures. On peut aussi légitimement s'interroger sur l'opportunité d'ouvrir la fonction préfectorale à l'heure où la violence frappe nos métropoles et nos banlieues. Au total, Emmanuel Macron ne cesse d'affaiblir la haute fonction publique, la rendant toujours plus soumise et obséquieuse, tout en modifiant les règles pour y nommer qui il veut. À la fin, le principal fait d'armes de certains préfets sera de faire des tweets pour condamner avec fermeté des événements qu'ils auraient dû soit empêcher, soit réprimer. La valse-hésitation du locataire de la rue du Faubourg-Saint-Honoré et son absence de cap ont pour conséquence d'accélérer encore le déclin de l'aura de notre pays dans le monde.

L'impuissance de ceux qui nous gouvernent est savamment organisée et provoque un ressentiment général qui ronge notre société. La situation de l'institution judiciaire illustre bien cette réalité. Parfois injustement mal aimée, incomprise, objet de rancœur pour nos policiers qui voient dans les cas d'impunité une atteinte à leur profession et à leur raison d'être, qui voient certaines victimes être parfois davantage ébranlées par le verdict prononcé que par l'agression dont elles ont été l'objet. Quelquefois, un sursaut volontariste se fait jour, lequel s'illustre dans la propension du ministre de l'Intérieur Gérald Darmanin à dissoudre des organisations en conseil des ministres – même si le Conseil d'État lui a bientôt rappelé, à sa façon, que les actions individuelles appelaient des réponses individuelles. Pour tout dire, la violence ne trouve pas, face à elle, ce qui pourrait la contenir : une réponse pénale sanctionnant tout individu violent. Dans une manifestation, on peut casser comme on veut. On risque à peine une garde à vue. Face à cette faiblesse, on préfère procéder à des dissolutions qui ne sont qu'une gesticulation gouvernementale de plus. Faute de réponse judiciaire et pénale, on demande toujours plus à la police, en mettant entre ses mains des armes de plus en plus dangereuses, infligeant parfois des blessures, des mutilations et causant des morts. Ce faisant, la réponse pénale demeure insuffisante. Je pense notamment à la mauvaise exécution des travaux d'intérêt général, que ce soit dans son délai d'exécution (avec une moyenne de 400 jours à partir du prononcé de la peine) comme dans la volonté réelle de trouver des instances destinataires de ces TIG ; depuis que je suis maire, j'ai porté ma ville volontaire pour accueillir des personnes condamnées à effectuer des travaux d'intérêt général, meilleur moyen pour des auteurs de petites peines de trouver une utilité sociale, de réparer, de subir une punition efficace et de trouver le chemin de la réinsertion. En huit ans, je n'ai reçu que cinq condamnés malgré mon insistance. Je doute pourtant que la justice croule sous les demandes répétées de collègues pour en accueillir. Partout, la Justice est à la peine et la police supplée aux manquements constatés. Cette surenchère dramatique débouche sur un chaos où force ne reste plus à la loi, mais où la force fait la loi.

C'est sans doute la drogue qui est le pire révélateur de cette dynamique funeste nourrie de l'individualisme et de la perte de sens qui amène l'économie souterraine à prospérer et de vrais contre-pouvoirs et contre-territoires à s'instaurer. La grande criminalité est le vrai vainqueur du déclin des États, de la solidarité, des croyances autant qu'elle est l'évident revers de la médaille de l'absence d'intégration et d'espérance. Si auparavant les États les plus concernés par la violence liée aux drogues étaient les pays du tiers monde, ce fléau prend aujourd'hui des proportions de plus en plus fortes en Europe – la France n'échappant pas à la règle. Non seulement la demande de drogue a énormément augmenté, mais la cocaïne a vu son marché croître de manière considérable, avec 600 000 consommateurs dans l'année et une multiplication par cinq ces quinze dernières années.

Là encore, l'État gesticule, s'attaquant épisodiquement aux 4 000 points de deal officiellement recensés en France. Pourtant, si l'on saisit de plus en plus de drogue, les conséquences sur le marché restent extrêmement faibles. Il est temps de faire de la lutte contre le crime organisé et le trafic de stupéfiants une priorité nationale. Non plus réagir, mais se doter d'une politique publique efficace, alors qu'aujourd'hui, la réponse pénale en France en matière de trafic de stupéfiants est l'une des moins sévères d'Europe.

Comme le propose Michel Gandilhon, membre du conseil d'orientation scientifique de l'Observatoire des criminalités internationales (ObsCI), il faudrait « dans l'esprit qui a présidé à la mise en place des juridictions interrégionales spécialisées (JIRS) en 2004, créer un parquet national antistupéfiants, systématiser les cours d'assises spéciales au lieu de recourir à l'expédient de la correctionnalisation ». La drogue est le symptôme d'une société en mutation et elle substitue aujourd'hui à la violence légitime d'État celle des pègres et des individus.

Sur la base de ce constat, que faire ? Que peut la France ? Comment doit-elle se positionner à l'échelle mondiale ? Quelle est la réalité de sa puissance aux yeux des géants de la planète ? Pour porter une stratégie nouvelle, il faut revendiquer un droit d'inventaire sur le passé.

Dans les premières décennies de la Troisième République, au lendemain de la défaite de Sedan, une bataille décisive se livra entre deux courants qui se partageaient la nouvelle majorité républicaine. Les patriotes avaient les yeux rivés sur la « ligne bleue des Vosges ». Pour eux, le retour de l'Alsace-Moselle dans le giron national était une priorité absolue, pour eux, il était nécessaire de constituer une armée capable de résister à l'Allemagne mais aussi d'armer les esprits dans le culte de la patrie – à commencer par les jeunes générations. En face, les « opportunistes » étaient peu enclins à une nouvelle guerre avec l'Allemagne et proposaient de tourner les regards vers l'aventure coloniale, pour y conquérir marchés et influence, et y exporter, dans une version paternaliste, les grands idéaux universalistes de la Révolution française, seuls à même de concurrencer les missionnaires des Églises chrétiennes. En ces années décisives, la France peine à se relever alors que se profile déjà un nouveau conflit.

Au terme de la Première Guerre mondiale, la victoire finale a été arrachée grâce à l'effort inouï du pays et de ses soldats, mais aussi, déjà, grâce à l'aide décisive des alliés de la France, notamment américains. Et le triomphe de 1918 ne masqua pas longtemps l'épuisement démographique, industriel, financier et même militaire de la France après des années de guerre totale.

Deux décennies plus tard, la nouvelle invasion allemande ne fut stoppée par aucun miracle. L'effondrement de juin 1940, la défaite et l'Occupation, ne purent être surmontés que par la victoire finale des États-Unis et de l'Union soviétique. La Résistance française et le Général de Gaulle sauvèrent l'honneur du pays, lui permirent de reconstruire l'État et l'économie et de sauvegarder un rang international, même si celui-ci ne correspondait déjà plus à la réalité.

Comme le Royaume-Uni, la France dut se résoudre à l'inéluctable – et de Gaulle le premier dans son discours de Brazzaville. La décolonisation devait s'opérer. Plutôt que d'accompagner l'inéluctable en conservant un lien étroit avec les élites locales francophiles, nous avons mené un combat d'arrière-garde perdu d'avance sous la pression du lobby colonial, lequel se termina par la défaite, militaire en Indochine, politique en Algérie, sans être capables de protéger ceux qui avaient cru en lui (harkis, pieds-noirs, etc.) et faisant des nouveaux maîtres des ennemis irréconciliables ou des clients sans scrupule. Aujourd'hui, sous les coups de boutoir des Russes et des Chinois qui usent, non sans cynisme, du ressentiment anticolonialiste pour nous supplanter, la France disparaît de la scène africaine, tendant la joue d'un côté pour participer à la repentance de l'homme blanc, de l'esclavagisme au colonialisme, et la main de l'autre pour accueillir les réfugiés venus de toute l'Afrique, chassés par les guerres tribales, la pauvreté ou le dérèglement climatique et attirés par le mythe du travail pour tous et la réalité de la protection sociale universelle.

Soixante ans après, il est temps de sortir du cycle politico-idéologique de la colonisation et de toutes les idéologies qu'elle a sécrétées tant pour la justifier que pour la combattre.

Aujourd'hui, le discours anticolonialiste est tenu par ceux qui veulent contraindre la France à ouvrir ses portes aux migrations au nom de la dette qu'elle aurait contractée envers les peuples qu'elle a colonisés, en même temps qu'il sert aux régimes en place en Afrique pour justifier l'expulsion de la France du continent en punition de sa collusion avec les régimes post-coloniaux. On ne peut plus cataloguer la France comme ex-puissance coloniale car il faudrait alors demander des comptes aux États qui, comme la Russie et la Chine, ont gardé leurs colonies même si celles-ci sont accolées ou intégrées à leur territoire ; demander des comptes aussi à ceux qui étaient des colonies et ont anéanti leurs populations autochtones (États-Unis, Brésil, Australie) ; ou à ceux dont l'histoire est faite d'invasions successives dont la phase française n'est que la dernière en date, comme c'est le cas de l'Algérie. La repentance exigée des générations actuelles pour des épisodes de l'Histoire dont elles ne sont pas responsables est totalement surréaliste et inacceptable. Lorsque cette page sera tournée, il restera à construire la présence internationale de la France dans le monde actuel.

En Afrique et particulièrement au Sahel, le déclin de notre influence a été accompagné tant par la lenteur à montrer du doigt la propagande anti-française du groupe Wagner, que par la difficulté à appréhender l'évolution de la situation dans ces territoires après les opérations Serval et Barkhane, avec en sus les maladresses verbales du Président vis-à-vis de ses homologues africains.

Au Maghreb, où Emmanuel Macron aurait été inspiré de privilégier les liens de notre pays avec le Maroc plutôt que de tenter de séduire un régime militaire algérien qui n'en finit pas de mourir tout en faisant du mépris et de la détestation envers la France sa politique officielle – il suffit de penser à la crise des visas et laissez-passer consulaires, aux encouragements adressés à nos émeutiers, à la discrimination vis-à-vis de nos entreprises ou au couplet anti-français de l'hymne national. Et ailleurs dans le monde, la position élyséenne n'est pas plus claire. La « troisième voie », nouvelle incarnation diplomatique du « en même temps », c'est-à-dire de l'indécision, est en réalité un efficace moyen d'affaiblir la France vis-à-vis de ses partenaires occidentaux et, pire encore, vis-à-vis de ses ennemis.

Il faut conduire aujourd'hui un audit général de notre puissance. C'est sur cette base que nous pourrons bâtir nos politiques publiques, notre politique extérieure à long terme, nos partenariats dans tous les domaines (en Europe et en

Méditerranée d'abord) comme cela fut fait en 1958, mais sans une once de nostalgie pour notre passé et sans illusions sur nous-mêmes ou sur les autres. C'est à partir d'un état des lieux honnête et réaliste que l'on pourra restaurer notre souveraineté et édifier les alliances nécessaires.

Nous avons quatre ans pour choisir et établir : dans quoi peut-on être souverain ?

Il est temps d'ouvrir une voie politique et culturelle nouvelle qui consisterait pour notre pays à apprendre à rompre quand il le faut et à conserver quand il le faut, c'est-à-dire non pas à se déconstruire, mais à se construire par des choix assumés. S'il faut écarter ceux qui veulent seulement restaurer le passé sans dire lequel, il faut tout autant congédier ceux qui l'ignorent complètement et construisent le présent sur des mensonges, des fictions et des affabulations.

Cette même voie devrait également être celle choisie par la France pour définir sa façon d'être européenne. Cet aggiornamento manque d'ailleurs cruellement à la droite qui oscille entre nationalisme et fédéralisme béat tout en étant au quotidien à la remorque de Bruxelles et de Berlin.

V

L'écologie polluée par l'écologisme

Il est temps de réenchanter l'écologie comme il faut réenchanter l'humain, comme il faut redonner sens à nos sociétés qui se sont abîmées dans l'individualisme consumériste.

Il est également urgent de réconcilier l'écologie avec les classes populaires tant elle est associée à des mesures coûteuses, étrangères à la réalité du pouvoir d'achat de nombre de nos compatriotes. Il est de notre devoir de défendre une écologie qui respecte la ruralité, la diversité et l'identité de nos territoires, après des décennies à défigurer nos paysages – ce que poursuit de manière désastreuse une politique volontairement incontrôlée d'implantation d'éoliennes – et après des années de coups de boutoir portées par les Verts contre la voiture ou l'agriculture, ce qui rend l'écologie indigeste aux yeux des ruraux.

Si l'écologie est humaniste, elle peut nous permettre de tisser une nouvelle relation avec nos enfants, nos aînés que nous maltraitons par une indifférence croissante, avec notre héritage culturel et avec l'ensemble des êtres vivants. C'est une vision entraînante, qui peut fédérer et proposer un projet et un récit dignes, respectueux, spirituels à une jeunesse en soif d'idéal. C'est le défi que la droite doit pouvoir relever pour renouer avec une génération qui ne croit plus en elle et pour laquelle elle n'incarne rien.

Il existe plusieurs approches possibles de l'écologie en politique, car si nous avons tous pour objectif la préservation de la planète, ce qui nous différencie, c'est la place que doit y prendre l'homme. Finalement, la façon de considérer la cause environnementale est assez proche de la vision que l'on peut avoir de l'utilité sociale et économique de la politique. Une politique écologique peut en effet contribuer à revivifier le sens et l'âme de l'engagement public. La Terre est notre maison commune. La spoliation de ses ressources, la pollution de nos mers et océans, le changement climatique, le creusement des inégalités sociales, la disparition d'une partie de notre biodiversité, sont autant d'atteintes à notre commune humanité. Le repli sur soi, l'individualisme, la jouissance dans la consommation prenant la place de l'élévation, de l'instruction, de l'inventivité, et de la relation à l'autre ont toute leur part dans cette dégradation. Le matérialisme qui se traduit par cette quête frénétique d'argent, par cet appétit d'accumuler les biens de consommation, par cette jouissance à la petite semelle, toutes ces passions tristes contribuent à la détérioration de la nature. C'est peut-être la première fois dans l'histoire que les héritiers dilapident l'héritage avec autant de bonne conscience que de vanité. Cet égoïsme se moque autant de la transmission que de la fraternité. Voilà pourquoi trop souvent les inégalités planétaires et la protection des plus démunis passent au second plan.

Face à ces constats, quelle politique écologique peut-être menée et surtout incarnée par la droite ? Comment peut-elle convaincre nos concitoyens des territoires, excédés par les agressions répétées des Verts contre leur mode de vie ? Tous ont compris que les écologistes radicaux constituent un pseudo-clergé qui met un point d'honneur à déconstruire violemment des traditions séculaires. Interdire un sapin de Noël dans une ville, en quoi cela fait-il avancer la cause environnementale ? Ou interdire à des enfants handicapés de réaliser leur rêve de voler dans les airs sous prétexte qu'il faut combattre le transport aérien ?

Est-ce en soufflant dans les trompettes de l'apocalypse et en brandissant le fouet de l'écologie punitive que l'on bâtira un projet qui rassemblera les Français ? On l'aura compris, l'écologie est quelque chose de trop sérieux pour être laissé aux seuls écologistes.

Elle mérite également mieux que d'être abîmée par les bureaucrates. Prenons l'exemple du ZAN (zéro artificialisation nette des sols) issu de la loi climat et résilience. C'est là le pur produit d'une idéologie technocratique et méprisante, verticale et descendante. Ce principe vise à diminuer le grignotage des espaces naturels par la ville afin de protéger la biodiversité et de lutter contre le réchauffement climatique. Voilà pour la théorie. Dans les faits, ce ZAN est surtout un frein à la dynamique économique et au logement dont la pénurie est dénoncée en France. En réduisant les surfaces disponibles pour construire, on augmente la spéculation foncière immédiate, au risque de rétention foncière, d'empêcher des projets d'habitats et de pénaliser le développement économique. La conséquence est aussi la mise en péril de nos collectivités déjà fortement éprouvées : la pénurie de logements ou d'implantations d'entreprises va de pair avec moins de taxes d'aménagement, de taxes foncières et de cotisation sur la valeur ajoutée des entreprises (CVAE). Le tout dans un contexte marqué par la montée des taux d'intérêt, la rareté des crédits immobiliers et la flambée des prix. Et je passe sur la bombe à retardement qu'est cette disposition de la loi climat et résilience relative aux passoires thermiques qui a rendu 20 % du parc locatif inadapté. Enfin, dans les zones urbaines déjà denses, l'incitation à densifier encore plus aggrave les conditions de vie, poussant à la suppression des espaces verts, à l'abattage des arbres, à l'élévation des immeubles, exposant les habitants à plus de bruit, plus de chaleur et favorisant une saturation des services publics. Dans ce contexte, il est souvent difficile de convaincre les élus locaux que les politiques publiques écologiques ne seront pas des prétextes à de nouvelles atteintes au principe de la libre administration territoriale.

Face à ces nombreux défis, la droite est comme à son habitude partagée entre deux choix qui la paralysent : doit-elle rester le héraut d'un conservatisme nostalgique des Trente Glorieuses ou se convertir aux thèses des contempteurs du progrès ? Là encore, elle gagnerait à partir du terrain, qui est toujours le meilleur moyen de s'affranchir des quolibets et des oukases des sectateurs de la pensée unique écologique. Comment ? En revendiquant une politique incitative et contractuelle plutôt qu'en imposant de façon arbitraire l'application de nouvelles normes trop souvent inadaptées. Dans certains États, les objectifs sont ainsi définis entre le local et le national par voie conventionnelle et non législative, incitant à favoriser la densité plutôt que l'éparpillement sans pour autant passer par des mesures d'interdiction. Comme il existe un consentement à l'impôt, il devrait exister un consentement aux mesures écologiques qui pourrait être facilité par des systèmes plus souples de bonus-malus. Pour également permettre aux collectivités d'être des actrices de la transition écologique plutôt que des spectatrices en les plongeant régulièrement dans les affres kafkaïennes des nouvelles normes, nous devons revendiquer notre confiance en l'intelligence locale et collective. Sans confiance, il ne peut pas y avoir de contrat national.

Au-delà des collectivités, la droite pourrait également porter un discours fort pour nos concitoyens vivant en zone rurale. Face au sentiment d'abandon de Français vivant dans des territoires isolés, éloignés des services publics essentiels (établissements scolaires, cabinets médicaux, hôpitaux, etc.), la transition écologique peut apporter une espérance et surtout des solutions concrètes en mettant fin à la fracture territoriale liée aux transports avec de nouveaux modes de circulation se substituant à ceux qui aujourd'hui constituent l'un des premiers facteurs de la pollution de l'air. Une chose est sûre : la transition écologique ne se fera pas sans le monde rural. L'idée que les deux soient incompatibles ne peut sortir que de cerveaux de bobos qui confondent sentiers forestiers et pistes cyclables, champs de blé et jardin expérimental, cassoulet et merguez végétales. Et en opposition aux méfaits de la mondialisation, la défense d'une gastronomie anti « malbouffe » qui contribue à l'identité de nos provinces peut bien évidemment fédérer. Il est en effet temps de redonner ses lettres de noblesse à notre gastronomie, monument de notre culture, héritage d'un savoir-faire ancestral et terrain de créativité pour les jeunes comme pour les plus âgés, pour les professionnels comme pour les amateurs. La gastronomie n'est pas qu'une culture de la bonne cuisine. Elle est aussi une approche du corps, de la santé et du souci de soi, mais aussi du souci de la nature, parce qu'elle nous initie à la connaissance de ses productions, au respect de ses ressources et au bien que nous en recevons. En redonnant son sens à l'art de la table, on respectera mieux les circuits courts et les produits de saison. Et encore une fois, ce n'est pas en s'attaquant à nos agriculteurs, en les stigmatisant que l'on y arrivera. Une politique de droite c'est à mon sens une politique de la souveraineté alimentaire et de l'identité culinaire – et il est grand temps que l'on s'y attelle sérieusement.

Offrir un cadre de vie qui soit beau participe de ce projet écologique. La beauté est indissociable de la dignité des personnes. Elle doit guider les politiques d'urbanisme. Il faut affirmer et faire valoir un droit à la beauté de notre environnement, qui inclura l'offre culturelle. Or, nous sommes en train de tomber sous le joug d'une écologie aujourd'hui étrangement associée à la laideur, sous prétexte que la beauté serait une valeur bourgeoise. Cette écologie pour qui tout ce qui est humain offense la nature et doit revêtir le visage de la tristesse aboutit à une déprimante et envahissante caricature d'*arte povera*. La version revisitée des bancs publics par l'écologisme parisien donne ainsi envie d'appeler les encombrants… Il est temps d'associer à l'écologie la promotion de la beauté architecturale, urbaine, paysagère, la préservation de notre patrimoine rural, végétal et maritime.

C'est en outre une question de crédibilité que de défendre une certaine éthique dans les combats environnementaux. Comment accepter par exemple que la COP 28 soit présidée par Sultan Ahmed Al Jaber, patron d'une compagnie pétrolière ? Et localement, ce sont aussi les petits arrangements et les conflits d'intérêts à géométrie variable. J'habite au pied de la forêt de Montmorency qui traverse plusieurs communes dont Taverny. Elle est fortement touchée par la maladie de l'encre qui atteint notamment les châtaigniers. Des coupes rases ont été pratiquées par l'Organisme national des forêts (ONF), défigurant *de facto* la forêt. Avec le maire de la ville voisine de Bessancourt nous avons interpellé l'État : certes la maladie de l'encre peut justifier l'abattage des arbres, mais la coupe rase est-elle la bonne solution ? Nous demandions alors que l'ONF qui abat et vend les arbres, qui gère la forêt, ne soit pas l'auteur de l'étude au nom du respect du principe du contradictoire. Jamais nous n'avons été entendus.

La droite peut aussi réconcilier le logement et l'écologie. Les Verts n'ont rien compris. Depuis des années, ils ont justement écarté l'humain de la conception écologique. Dans nos villes ils se battent contre nos logements. Et pourtant c'est la gauche qui a fait les lois SRU et Duflot qui ont souvent défiguré nos territoires. S'ils ne vivent pas dans des yourtes, ils n'hésitent pourtant pas à s'attaquer à l'habitat décent. Dans ma commune, nous avons fait construire des habitations qui répondent, tout en suivant un idéal esthétique, à une logique d'inclusion, en permettant la collocation entre adultes handicapés : la réaction a été immédiatement hostile car il s'agissait de construire.

Il n'y a pas que les Verts qui font du tort à l'écologie : quand elle n'est pas portée politiquement avec sincérité, nos dirigeants prennent des décisions néfastes de peur d'être accusés de ne pas être assez dans l'air du temps. Prenons l'exemple de la création des autorités environnementales, que ce soit la Haute autorité environnementale ou les MRAE (missions régionales de l'autorité environnementale) qui dépendent de l'État. Ces entités d'une neutralité politique parfois douteuse et qui souvent n'ont d'indépendantes que le nom, adressent des injonctions contradictoires aux communes, se permettant parfois des recommandations relevant plus du doigt mouillé que de l'analyse. L'État s'arrange très bien d'avoir des services qui, d'une part, exigent la construction de logements sociaux, et d'autre part, condamnent les maires constructeurs. Ou quand l'écologie rejoint Kafka.

Mais s'il faut construire, il faut revoir la typologie de nos habitations, rendre nos logements économes, respectueux de la transition écologique, créateurs d'énergie. La droite doit pouvoir défendre cette politique. De même, nous devons défendre une conception de la propriété : il existe en France une tradition patrimoniale, où le fruit d'une vie de labeur doit pouvoir se transmettre à nos enfants. L'enracinement doit être l'un des atouts d'une politique respectueuse de l'environnement. On veille d'autant mieux à ce qui nous appartient.

Quitte à aborder toutes les questions qui fâchent, il est un sujet qui est rarement évoqué par les écologistes eux-mêmes : l'inégalité face à l'écologie. En effet, combien de fois n'a-t-on pas constaté, notamment lorsqu'il s'agissait de mode de consommation, que l'écologie était une denrée chère, qu'il fallait les moyens pour la suivre. Comment ne pas voir qu'il existe une corrélation entre les scores enregistrés par les élus écologistes dans certaines villes et le pouvoir d'achat de leurs électeurs ? Étrangement, cette sociologie électorale n'a que peu attiré l'attention. Dès lors, il est facile de caricaturer l'écologie en en faisant une niche pour riches. En luttant contre les inégalités par une politique écologique audacieuse et rigoureuse, la droite doit permettre une juste égalité d'accès à la transition environnementale.

Et il faudrait encore mentionner le rapport ambivalent au progrès. Par nature, il est indissociable de la dignité humaine. Progrès dans la médecine, qui d'ailleurs n'intéresse pas les Verts (discours inexistant sur la prévention sanitaire, sur le sport qui permettrait d'éviter nombre de maladies, sur l'indépendance en matière de soins et de médicaments), émancipation pour les femmes qui ont vu leur condition sociale évoluer grâce aux avancées scientifiques, contrairement à ce que laissent penser Sandrine Rousseau et ses comparses. La droite a toujours porté un discours clair sur le nucléaire et elle a agi dans ce sens. La guerre en Ukraine a montré combien un programme fort en matière de souveraineté énergétique pouvait être compris et soutenu par nos compatriotes. De plus, grâce au génie français, nous pouvons mener notre pays plus loin, en investissant pour permettre d'innover dans ce qui est décarboné. Pourquoi l'écologie se traduit-elle par la détestation du progrès ? Ceux qui caricaturent la cause environnementale veulent toujours moins alors que nos concitoyens veulent toujours plus et mieux. Cette détestation du progrès vise à purger l'homme de l'humain. Cela n'interdit pas pour autant de défendre une croissance plus raisonnée qui fait la différence entre l'essentiel et l'accessoire. Car au-delà du progrès technologique et industriel sur lequel se sont déjà positionnés entrepreneurs, politiques et chercheurs, la droite peut être porteuse d'un message pour un progrès humain, en réinventant notre société pour trouver de nouveau du bonheur mais en faisant autrement.

Au lendemain de la crise Covid, nos concitoyens ont tenté d'exprimer leur besoin nouveau de vivre différemment le temps ainsi que nos relations humaines. C'est bien là une des raisons de la difficulté à faire comprendre la réforme des retraites et l'on ne peut rester sourd à un cri collectif de notre pays revendiquant une certaine idée de la qualité de vie. Nos compatriotes ne veulent plus opposer travail et temps libre, ils veulent un juste équilibre, un droit à faire du sport pour prendre soin de son corps et de sa santé, ils veulent privilégier les moments avec leurs proches, mieux apprécier leur environnement proche, entretenir leur jardin, goûter aux joies de la nature environnante. Nos gouvernants successifs, ancrés dans leur jacobinisme, sont prisonniers du prisme francilien. En Île-de-France, où la vie est chère, il est nécessaire de travailler toujours plus pour avoir une existence décente. Mais ce n'est pas le cas dans nombre de nos départements où le prix de l'immobilier et du panier de courses n'est pas le même et où le temps dans les transports est aussi différent.

À droite, nous avons longtemps défendu le « travailler plus pour vivre mieux ». Mais c'est en Île-de-France que l'on doit surtout travailler plus pour dépenser toujours plus, ce qui s'apparente davantage à une fuite en avant qu'à une existence meilleure. Nous pouvons défendre le droit de vivre autrement dans nos territoires, quitte à ne pas gagner plus, à modérer notre revenu et nos dépenses. Nous pouvons aussi avoir une réflexion sur des entités territoriales administratives qui correspondent à un respect de l'identité, des modes de vie, des circulations, de l'économie, des héritages historiques et culturels. Nous devons revenir sur le périmètre absurde des nouvelles régions voulu par la réforme de 2015, se basant sur cette illusion que plus une région est grande plus elle est puissante. D'ailleurs, dans tous les pays d'Europe, petites et grandes régions ou Länder se côtoient. La réalité, c'est que le découpage tracé à la va-vite ne tient en aucun cas compte de la moindre logique culturelle, économique et de développement pour la plupart des nouvelles collectivités créées. Il est idiot d'avoir rattaché le Massif-Central à Bordeaux ou d'avoir fusionné la Champagne-Ardenne avec l'Alsace. Il est aussi dommage de ne pas réfléchir à un périmètre plus conforme aux aspirations des familles de Paris et de la petite couronne qui fuient vers la grande couronne.

Bien-être, identité, progrès industriel, intellectuel mais aussi humain, respect de la nature, mieux-vivre : voilà autant d'enjeux pour une nouvelle politique écologique, contribuant à redonner sens et mesure à notre société de la superficialité.

VI

Rendre la nation plus fraternelle

En dépit de ceux qui s'emploient à faire oublier cette tragédie, la crise de la Covid 19 a constitué un grand basculement. Notre société s'est retrouvée subitement précipitée dans un inconnu angoissant, bouleversée par le retour de la mort, heurtée dans ses habitudes, ses certitudes et, globalement, dans son rapport au temps et à l'espace. On aurait pu espérer que ce séisme sanitaire mondial, profondément traumatisant, ayant conduit à une vie relevant de la dystopie, nous amènerait à une réflexion nationale profonde et s'étalant dans la durée. Hélas, même ce qui a touché le monde entier a été finalement balayé comme le reste : rien n'échappe au présentisme.

Pour autant, cette pandémie a été le révélateur au sens chimique du terme – de la forte aspiration d'une partie de notre société à plus d'entraide et plus de fraternité. Tout à coup, le tout à l'ego contemporain qui gouverne les individus mais aussi nos dirigeants et même les États se sont retrouvés sur le banc des accusés devant répondre du recul civilisationnel auquel ils nous ont assignés. Ils ont bénéficié de la relaxe la plus rapide de notre histoire judiciaire et médiatique, bénéficiant des attaques des complotistes de tous horizons qui ont fait dévier le débat sur leurs délires.

Si je suis aussi profondément marquée par cette période, c'est aussi en tant qu'élue : Taverny a été l'une des premières villes françaises à installer sur son sol un centre Covid, attirant ainsi la curiosité de médias du monde entier. Cette envie d'agir n'a été rendue possible que grâce aux liens extrêmement forts tissés au cours du précédent mandat avec le corps médical. Ces héros du quotidien se sont de suite mobilisés pour éviter la saturation des hôpitaux par l'envoi massif de personnes touchées par la Covid. Un élan de solidarité extraordinaire et courageux qui s'est vite heurté à la bureaucratie avec le refus initial de l'ARS qui souhaitait prendre du temps, sous prétexte que l'« on n'avait jamais fait ça ». Ils ne devaient en effet trouver aucune trace de cette initiative dans la circulaire A-38.

Deux exemples me viennent immédiatement à l'esprit, tant ils m'ont marquée et bouleversée, mais aussi profondément questionnée quant à l'état de délabrement moral et social de notre société. Durant la crise sanitaire, les enfants ont été confrontés à une double réalité atroce, profondément choquante. Tout d'abord, alors qu'ils étaient à des âges où généralement ils avaient peu de chance d'être confrontés à la mort, ils côtoyaient jour après jour l'idée que ceux qu'ils aimaient risquaient de disparaître brutalement. Surtout, ils ont pu entendre quasi quotidiennement qu'ils pouvaient être responsables de la mort de leurs parents ou grands-parents puisqu'ils pouvaient transmettre le virus. Petits comme adolescents, ces enfants et jeunes n'ont absolument pas été préservés psychologiquement. Cette accusation de provoquer la mort ou d'être porteur de mort, parfois portée sur des plateaux télévisés et vécue concrètement par la fermeture ponctuelle des établissements scolaires, a entraîné chez nombre d'entre eux des troubles psychologiques non négligeables. Dans de nombreuses communes, l'apparition de phobies liées à cette période a engendré des dépressions, des replis sur soi, des refus de retourner dans les lieux publics. Ces troubles mentaux qui ont pu accélérer des dysfonctionnements propres à l'école n'ont fait l'objet d'aucune volonté nationale de porter un regard bienveillant, protecteur et réparateur sur les enfants.

Autre exemple de cette maltraitance organisée, le nouveau protocole dans les écoles révélé à la veille de la rentrée scolaire de janvier 2022 par le ministre de l'Éducation nationale de l'époque, Jean-Michel Blanquer. En pleine cinquième vague de Covid et à quelques heures de la reprise des cours, le ministre a annoncé que lorsqu'un cas apparaîtra dans une classe, les élèves devront faire un premier test, puis un deuxième à J+2 puis un troisième à J+4. Ces tests devant être nasopharyngés. Tous les parents se souviennent avoir connu l'appréhension, le rejet ou les pleurs de leurs enfants à l'idée d'introduire plusieurs fois les bâtonnets de ces tests dans le nez. Il est fou de voir qu'en aucun cas ceci n'a été abordé par ceux qui nous gouvernent.

Dans ma commune, nous avons refusé de céder à l'absurde tout en respectant la prévention sanitaire. Le soir de l'annonce du ministre, j'ai proposé immédiatement à l'un des responsables d'un laboratoire avec lequel nous étions en contact et que nous avions déjà fait travailler dans une école de lancer une contre-offensive sanitaire durant tout le temps de la mise en place de ce protocole en employant des tests PCR exclusivement salivaires. Et c'est là où l'on retrouve l'inénarrable technocratie française. Après une semaine de fonctionnement, l'ARS a réussi à nous demander de suspendre l'initiative sous prétexte que l'État n'avait pas donné son feu vert à cette opération. Or, quelques mois auparavant, l'État, via l'Éducation nationale, avait justement validé la même opération dans l'une de nos écoles. Je suis reconnaissante à notre préfet de l'époque d'avoir à chaque fois dénoué les situations absurdes auxquelles nous avons été confrontés. Dans le système que nous avions mis en place, les enfants venaient dès 8 heures dans notre salle des fêtes au son d'une musique apaisante qui faisait partie de leur univers. Nous fermions boutique à l'heure du déjeuner et les tests partaient au laboratoire pour donner un résultat aux parents dès 20 heures. Par ce biais, plus aucun enfant de la ville n'a eu à subir une avalanche d'agressions nasales. Des parents venaient même d'autres départements, voire d'autres régions, pour accéder à ces tests efficaces et respectueux de l'intégrité physique de leurs enfants. La prévention fut respectée et les enfants protégés. Ce que nous avions fait aurait pu être appliqué à l'échelle du pays si nous avions mis en œuvre une vraie politique sanitaire nationale. Cette révolte de maire et de mère qui fut la mienne aurait dû être celle du protecteur de la nation. Elle ne le fut pas.

Le traitement infligé à certains de nos seniors durant cette période de désocialisation fut aussi révélateur. Le scandale du sort abominable subi par nos anciens dans les EHPAD ne peut pas nous faire oublier l'extrême solitude, ou plutôt l'abandon, ressenti par eux durant la pandémie. Qu'il semble lointain le temps où la parole des vieux était considérée comme un élément structurant de nos sociétés !

Nous avons connu les obsèques bâclées quand elles ne furent pas réduites à un acte purement administratif. La gestion même des cadavres dans la première période de la crise nous a ramenés aux temps les plus sombres de notre humanité. Notre société du zapping a passé cette période de régression sans même se retourner et sans polémiquer. Il n'en reste pas moins que la responsabilité de nos gouvernants est immense.

Ces dérives furent les pires symptômes du recul de notre commune humanité pendant la crise Covid. Mais, à l'inverse, l'héroïsme et l'entraide furent l'autre versant, lumineux celui-là, de cette funeste période. Des bénévoles, des soignants, des maires, des administrations hospitalières, des collectivités locales, des entrepreneurs à l'arrêt ont entrepris de se retrousser les manches. Des blouses, des masques ont été fabriqués, des centres Covid se sont multipliés avec des volontaires prêts à prendre d'énormes risques pour aider leur prochain. Qu'avons-nous fait de ce gigantesque élan de solidarité durant cette période où l'on a vu autant les invisibles de la République que des industriels et des soignants se porter volontaires pour aider dans la mesure de leurs moyens leurs concitoyens dans le plus total désintéressement ? Comme le rappelait le pape François : « Si la guerre contre le coronavirus est une guerre alors vous êtes une armée invisible dont les seules armes sont la solidarité, l'espoir, et l'esprit de communauté. » Tous ceux qui étaient utiles ont à ce moment redonné corps, consistance, à la nation. D'ailleurs ils étaient la nation. Celle-ci ne s'y est pas trompée : pour la première fois en dehors des victoires en Coupe du monde de football, les Français applaudissaient leurs soignants partout dans le pays. C'est bien là la preuve que pour éprouver un sentiment d'appartenance à une nation, il faut avoir le sentiment d'être essentiel.

Il y eut un avant et un après-Covid. Il est plus que temps d'en tirer les enseignements. Notamment sur la possibilité de restaurer la dignité humaine en passant par l'indispensable utilité sociale. Si la droite a longtemps défendu la valeur travail, il me paraît plus conforme aux enjeux de notre société actuelle de défendre la notion d'utilité sociale en ce qu'elle procure de la dignité et du sens quand le travail salarié n'en donne pas toujours. En dépassant les limites du travail pour aller rechercher l'utilité sociale, nous pourrions enfin rétablir l'indispensable reconnaissance d'emplois qui vont au-delà de la sphère contractuelle en servant l'intérêt général. C'est le cas des professeurs, des élus, des pompiers, des policiers, des soignants, des artistes.

Ces professions ont longtemps bénéficié d'une reconnaissance et d'une indéniable estime publique. Elles les rendaient enviables au-delà des conditions de rémunération. La lente et continue dégradation du statut, de la considération et de la situation économique de ces professions illustre aujourd'hui le retrait, l'effacement du sentiment et du jugement d'utilité sociale. C'est un mal qui vient de loin et qui ronge nos sociétés depuis plusieurs décennies. Et si, pour ces professions, améliorer leur rémunération est une nécessité, cela ne suffira pas à restaurer pleinement leur dignité et leur statut social. Le problème est plus profond. Il faut retrouver la gratitude envers ceux qui sont responsables non seulement du bien-être de tous mais plus largement du bien commun. L'utilité sociale n'est pas une utopie, elle participe pleinement à notre réalité quotidienne. Et c'est bien pour cette raison que c'est une ardente nécessité de la réinventer. Mais reconnaître l'utilité sociale, c'est aussi redonner une dignité aux personnes âgées, aux personnes handicapées et plus largement à toutes celles et ceux porteurs d'une différence. Pour permettre finalement à chacun de se sentir pleinement utile, il existe un outil qui est le revenu universel. Ce dernier reste le meilleur moyen de reconnaître la valeur du travail bénévole et de rappeler qu'il ne devrait pas y avoir de travailleur même associatif, aidant, sans droits.

Au lendemain des bouleversements liés à la crise de la Covid 19, la réforme des retraites aurait pu être l'occasion de réfléchir à ce qu'est le travail aujourd'hui et au moyen de rétablir une dignité sociale en rendant chacun d'entre nous essentiel à la vie de la cité. On parle souvent à tort et à travers du « vivre ensemble » au point que cette formule au départ noble a fini par devenir un slogan vide de sens incapable de masquer toutes les dérives et toutes les démissions. En portant le projet d'un revenu universel de base, nous avons l'occasion de redéfinir l'utilité sociale en associant les forces vives de la nation et tous nos concitoyens. *A contrario* cela permettrait de s'interroger sur l'inutilité sociale de certains organismes consultatifs, qui bénéficient eux d'un revenu permanent qui s'apparente à une rente.

Le revenu universel, outre qu'il est un moyen efficace de lutte contre la précarité, a aussi la vertu de récompenser l'activité plutôt que l'inactivité rendue possible par le cumul d'aides. Il peut ainsi être conditionné à une activité réelle, soit en complément d'un emploi, soit pour valoriser une activité solidaire. Il favorise aussi l'entrepreneuriat et minimise la prise de risque en garantissant un revenu minimal lorsque l'on quitte un emploi pour tenter de trouver un nouvel équilibre entre vie personnelle et travail, en permettant d'avoir davantage que le choix binaire entre le loisir d'un côté et le travail de l'autre. De plus, dans un monde du travail changeant où le CDI n'est plus la norme, il facilite et encourage la mobilité professionnelle.

En remplaçant des aides de l'État, il permet aussi de débureaucratiser, de responsabiliser directement son tributaire et de stimuler la liberté individuelle dans le choix de chacun de disposer comme il le souhaite de ses ressources. Il est aujourd'hui urgent d'interroger les aides, leur octroi trop facile, ce guichet social qui permet de cumuler et qui enferme parfois dans un assistanat contraire à l'idée d'émancipation. Mais surtout, à l'heure où le bénévolat se raréfie, où les associations voient vieillir les membres de leurs bureaux, où le vieillissement de la population couplé à l'importance des maladies neurodégénératives contraint les aidants à un investissement qui les handicape dans leur vie sociale, le revenu universel peut reconnaître par la rémunération de leur activité l'utilité sociale de toutes celles et ceux qui sauvegardent le tissu social et humain de notre pays. Par respect pour ceux qui sont au service d'autrui, ce revenu devrait bien entendu exclure ceux qui s'en serviraient uniquement comme d'une pension qui rappellerait l'Ancien Régime.

Sur le fronton de nos mairies, il y a écrit « Liberté-Égalité-Fraternité ». La liberté est l'essence même de notre existence, elle inspire les plus belles pages de notre histoire collective. L'égalité nourrit notre soif de justice. Elle inspire de beaux discours et nourrit parfois les ressentiments quand elle verse dans l'égalitarisme. Je préfère pour ma part qu'elle tende vers l'équité. La fraternité, trop souvent oubliée, engendre les meilleurs de nos actes. En tant que maire, j'ai ressenti tant de fois combien elle redonnait sens au collectif. La fraternité ne doit pas se réduire à la sensiblerie, au culte de l'émotion si souvent instrumentalisée, à cette moraline contemporaine qui se déverse sur nos écrans dès qu'apparaît un drame pour tout oublier peu après. La fraternité est l'un des plus beaux mots en politique, ce pour quoi il est urgent pour la droite d'en faire le socle de son projet.

Mais si je crois en cette nouvelle société et en ce nouveau contrat social, c'est parce qu'ils doivent répondre au besoin de morale et de justice qui font tant défaut aujourd'hui. Donner sa chance et un droit à la dignité ne veut pas dire fermer les yeux et cautionner le mal qui gangrène notre pays. Plutôt que d'un « revenu universel », c'est d'un revenu d'utilité sociale que je préfère parler. Ce qui induit de ne pas récompenser tout ce qui met à mal le pacte social. L'État ne peut ouvrir les bras aux trafiquants, terroristes, criminels, et un revenu d'utilité sociale ne peut en aucun cas servir ces individus.

Pour faire nation, il faudra donc commencer par restaurer la justice, humaine et sociale, et assurer le renouvellement des élites par l'éducation. Il faudra rendre au peuple sa souveraineté, bafouée par ceux qui portent atteinte à la laïcité en voulant assujettir nos concitoyens à des dogmes pseudo-religieux et communautaires, mise à mal par des gouvernements qui reviennent sur leur parole ou ignorent les racines et l'identité de leurs compatriotes. Il faudra donner à nos enfants une raison d'espérer en un monde porteur de sens et non pas abîmé par la consommation effrénée. Il faudra sauver l'école sans laquelle il ne saurait y avoir de République. Et plutôt que de multiplier les programmes sans âme, nous devrons porter et incarner un projet portant sur l'élévation individuelle au service du bien commun. Avec sincérité et franc-parler.

Table des matières

Composition : Nord Compo

Achevé d'imprimer en décembre 2023 sur
les presses de la Nouvelle Imprimerie Laballery
58500 Clamecy (Nièvre)
N° d'impression : 312258
Dépôt légal : janvier 2024

Imprimé en France